D0578918

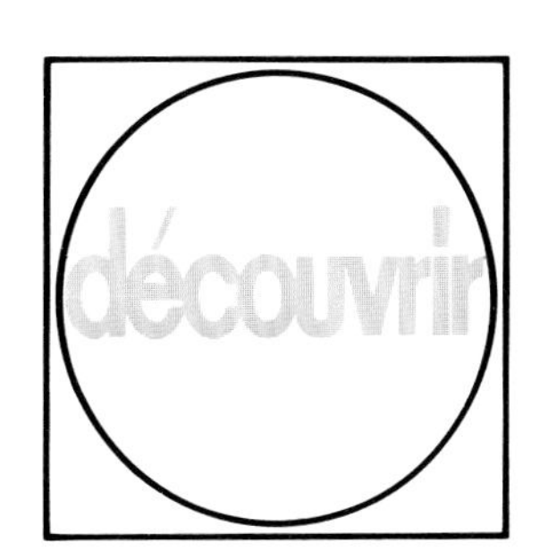
découvrir

Rédaction : Suzanne Agnely et Jean Barraud, assistés de
J. Bonhomme, N. Chassériau et L. Aubert-Audigier.
Iconographie : A.-M. Moyse, assistée de N. Orlando.
Mise en pages : E. Riffe, d'après une maquette de H. Serres-Cousiné.
Correction : L. Petithory, B. Dauphin, P. Aristide.
Cartes : D. Horvath.

Le présent volume appartient à la dernière édition (revue et corrigée) de cet ouvrage. La date du copyright mentionnée ci-dessous ne concerne que le dépôt à Washington de la *première* édition.

 Dépôt légal 1978-3ᵉ – Nº de série Éditeur 12189.
Imprimé en Espagne par Printer S.A. Barcelone (Printed in Spain)
Librairie Larousse (Canada) limitée, propriétaire pour le Canada
des droits d'auteur et des marques de commerce Larousse.
Distributeur exclusif pour le Canada : les Éditions françaises Inc.
licencié quant aux droits d'auteur et usager inscrit des marques pour le Canada.

ISBN 2-03-252101-6.
D.L.B.: 23749-1989

beautés du monde

l'Italie

Librairie Larousse

17, rue du Montparnasse, 75006 Paris.

Notre couverture :
L'église San Giorgio Maggiore, à Venise, œuvre de l'architecte Palladio.
Phot. Renaudeau-Top.

Italie

l'Italie

rédigé par Monique Fauré

rédigé par Jean-Erik Linnemann

Val d'Aoste, Piémont, Ligurie, Lombardie, Trentin-Haut-Adige, Vénétie, Émilie-Romagne

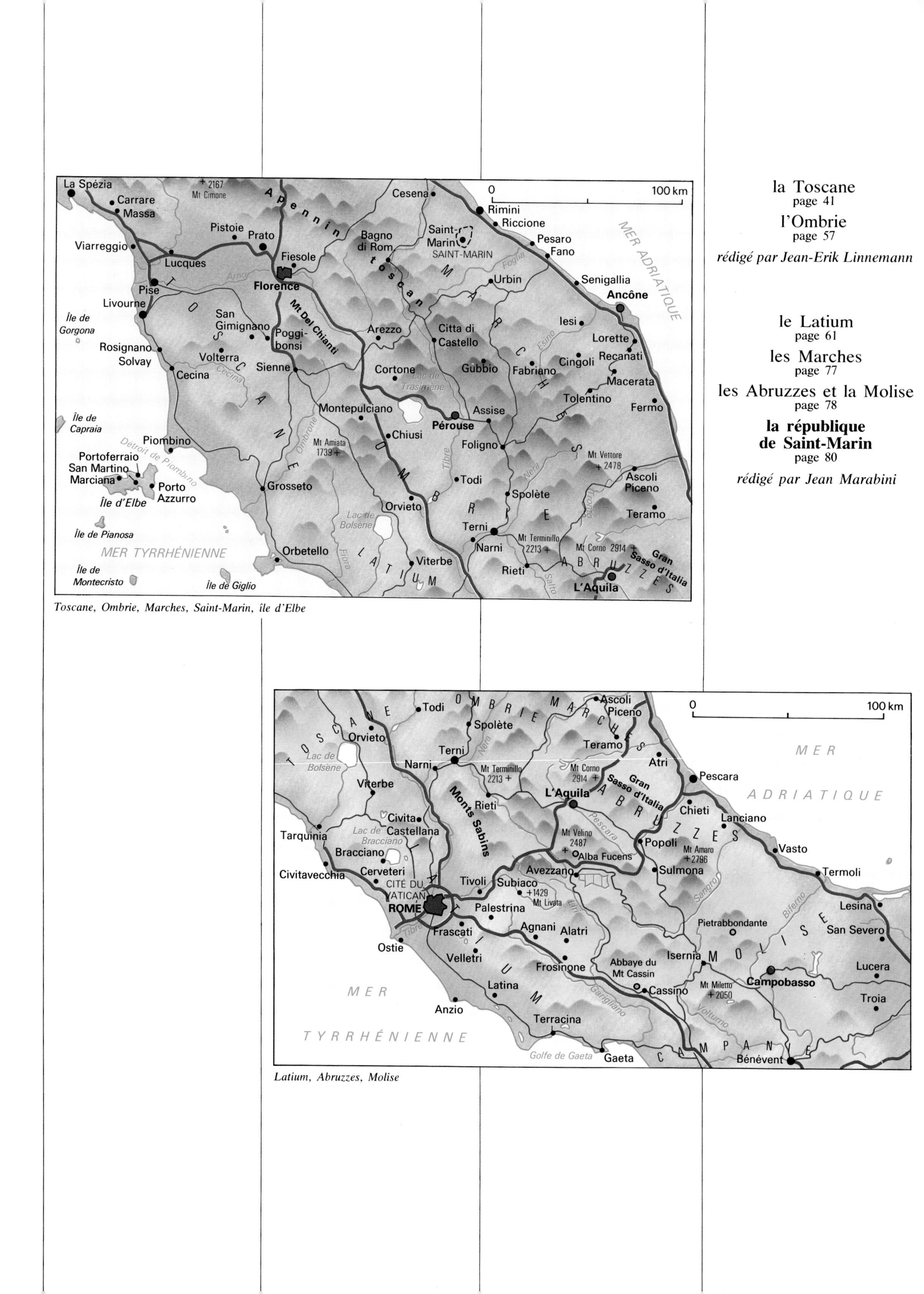

Toscane, Ombrie, Marches, Saint-Marin, île d'Elbe

Latium, Abruzzes, Molise

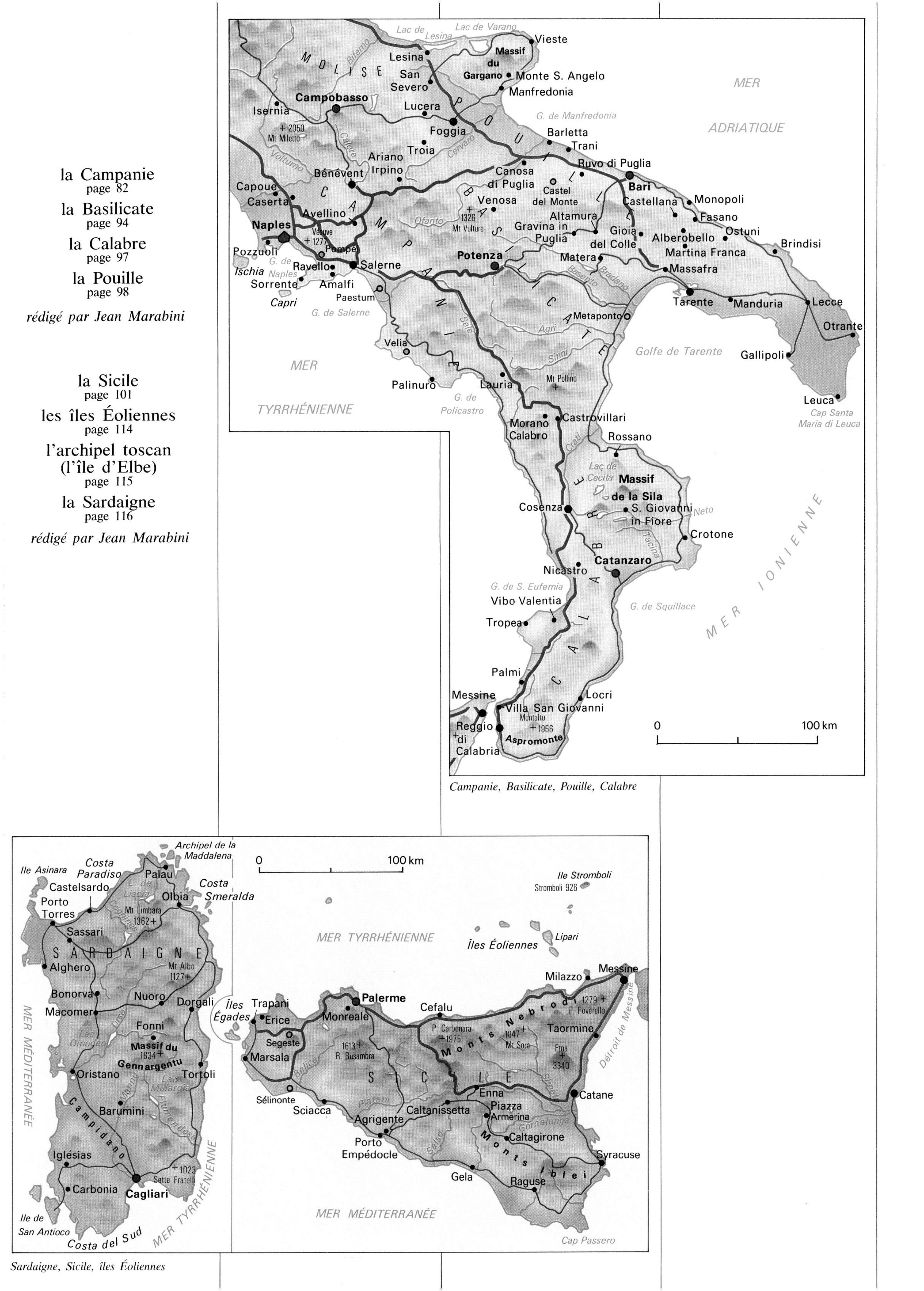

Campanie, Basilicate, Pouille, Calabre

Sardaigne, Sicile, îles Éoliennes

l'Italie

Pour certains Italiens, l'Italie est une nation unie et indivisible, créée au XIXe siècle, sous la bannière de Cavour et de Garibaldi, par la volonté unanime de toute la péninsule. Pour d'autres, cette unité est une fiction.

Les uns et les autres ont sans doute raison. Il est évident qu'un jour l'Italie « devait » se faire, mais il n'est pas sûr qu'elle se soit encore faite. On n'efface pas en un siècle d'unité administrative un long millénaire où chaque Italien s'est senti un citoyen de sa région, sous l'autorité spirituelle de l'Église romaine.

Regardons les Vénitiens : ils s'estiment encore les « ennemis » des Romains et des Génois, avec lesquels ils ont lutté à mort pendant cinq cents ans. Le Florentin est aussi éloigné du Napolitain que le Finnois du Turc. Qu'ont de commun Machiavel et Casanova ? L'austère écrivain piémontais Arpino et Silone, natif des Abruzzes ? Rien, sauf la religion, seul ciment, avec l'art et la culture qu'elle engendre, d'une Italie encore hypothétique. En l'absence d'une unité souhaitée et imposée par un Lincoln, ou d'une révolution nationale centralisatrice, l'Italie est aujourd'hui une mosaïque de régions qui parlent la même langue, mais ne s'entendent pas.

Si l'Émilie-Romagne ne comprend rien aux problèmes du Latium, comment les Calabrais, enfermés dans leur misère, ne seraient-ils pas traités en travailleurs immigrés par les Milanais riches, rattachés au cœur de l'Europe ? Les Calabrais, par leurs us, leurs coutumes et toutes leurs traditions, sont encore proches de l'Afrique. Le Sicilien est tantôt grec, tantôt arabe, parfois déjà américain. Et qu'en est-il du val d'Aoste français, de l'Adige autrichien, de Trieste slave ? C'est peu dire que le Nord et le Sud italiens sont séparés par des économies, des mentalités différentes. Ils ne sont pas contemporains, ils appartiennent à des univers étrangers.

Cependant, le *Risorgimento* — l'unité italienne — s'est effectué au moins sur un plan essentiel : la beauté. Il existe un génie de la beauté proprement italien, un génie qui a toujours ébloui les Goethe, les Stendhal, et qui transcende la péninsule tout entière aux yeux de l'univers. Être Italien, c'est être subtil, intelligent, musicien depuis des siècles, c'est comprendre l'art d'instinct. Tout cela, on le sait. On ignore, par contre, généralement qu'être Italien, c'est aussi être en même temps laïc et religieux, fils de l'Église et en perpétuelle réaction contre elle. Accepter cette dualité, la dépasser, peut permettre demain à l'Italie de s'unir vraiment ■ Jean MARABINI

▲
Sur fond de montagnes escarpées, Mandello del Lario semble posée sur les eaux tranquilles du lac de Côme.
Phot. Everts-Rapho

Histoire
Quelques repères

XVᵉ siècle av. J.-C. : les Ligures sont refoulés par les premiers envahisseurs venus du Nord.
VIIIᵉ siècle av. J.-C. : les Étrusques en Toscane, les Italiques dans le Centre et le Sud ; les Grecs fondent des colonies en Sicile et dans l'Italie du Sud (Grande-Grèce).
753 av. J.-C. : fondation légendaire de Rome par Romulus.
476 apr. J.-C. : fin de l'Empire romain d'Occident.
Du Moyen Âge au XIXᵉ siècle : la papauté installe en Italie son pouvoir spirituel et temporel, qu'elle partage avec le Saint Empire romain germanique et les puissances européennes.
1831 : Mazzini fonde le mouvement Jeune Italie.
1848 : les « Cinq Journées » à Milan ; insurrections dans toute l'Italie.
1859 : Garibaldi bat les Autrichiens à Varèse et Brescia.
1860 : Garibaldi et ses 1 000 « chemises rouges » débarquent en Sicile et en Italie du Sud ; une partie des États de l'Église — sans Rome — se joint à eux ; proclamation du royaume d'Italie, auquel se rattachent progressivement toutes les provinces de la péninsule.
1870 : conquête de Rome, capitale de l'Italie ; suppression du pouvoir temporel du pape.
1882 : triple alliance entre l'Italie, l'Allemagne et l'Autriche.
1915 : l'Italie entre en guerre aux côtés de la France.
1922 : instauration du régime fasciste.
1940 : l'Italie entre en guerre aux côtés de l'Allemagne.
1943 : arrestation de Mussolini ; l'Italie se joint aux Alliés.
1946 : abdication de Victor-Emmanuel III, proclamation de la république.

▲
Giuseppe Garibaldi, pionnier de l'unification italienne. (Musée du Risorgimento, Turin.)
Phot. Titus-Cedri

L'Italie du Nord

Depuis des millénaires, l'Italie du Nord prospère à l'abri de l'arc alpin. Toujours attirées par la richesse, les armées étrangères, de Barberousse à Napoléon, de François Iᵉʳ à Metternich, des Espagnols aux Autrichiens, franchirent les Alpes pour imposer leur loi. Dominée, morcelée, l'Italie du Nord n'en continua pas moins de briller, et c'est de Turin que partit le *Risorgimento*, mouvement qui aboutit, en 1861, à l'unité italienne.

Aujourd'hui, les cités du Nord — Turin, Gênes, Milan — vivent au rythme des grandes industries et dominent, comme au temps des banquiers lombards, la finance et le commerce. Dans la fertile plaine du Pô, pas un pouce de terrain n'est abandonné aux fantaisies de la nature : collines tapissées de mûriers, d'arbres fruitiers et de vignes dans la Brianza ; rizières quadrillées de peupliers autour de Verceil ; vignobles d'Asti sur les collines de Montferrat.

Si la plaine est vouée au travail, montagnes et rivieras sont dédiées aux loisirs : rudes joies de la montagne dans le val d'Aoste et les hautes vallées alpestres ; *farniente* et *dolce vita* dans les anses de la côte ligure ; plaisir de vivre dans les paradis sophistiqués des grands lacs ; vertiges de l'escalade dans les Dolomites.

le Val d'Aoste

Serré entre les Alpes Pennines et le massif de la Vanoise, le val d'Aoste est entouré des sommets alpins les plus prestigieux, culminant à plus de 4 000 m : mont Blanc, Cervin, mont Rose, Grand-Paradis. À l'est, les montagnes se referment presque au défilé de Bard, l'isolant du reste de l'Italie. Le climat est exceptionnellement sec, le ciel sans nuages, la végétation très variée, allant des palmiers, oliviers et figuiers méridionaux jusqu'aux sapins et mélèzes de haute montagne.

Un village : des prairies pentues où paissent de beaux troupeaux de vaches rousses et blanches, un petit pont par-dessus un torrent clair qui bondit en cascadant de rochers en marmites de géants, des toits de lauzes irrégulières, des murs de pierre et de bois, des balcons de bois sculptés, des greniers à foin curieusement perchés sur pilotis pour se protéger de l'attaque des rongeurs, une église à clocher carré, gaiement colorée de fresques. Dans les rues, les villageois s'interpellent dans une langue que ni les Italiens, ni les Français, ni les Allemands ne peuvent revendiquer. Suivant les vals, ce patois ressemble plus ou moins à la langue du pays voisin. À la sortie de la messe, on voit encore quelques coiffes dorées (dans la vallée de Gressoney). Les filles des groupes folkloriques revêtent la longue jupe rouge, les garçons les hautes chaussettes de montagnard.

Peuplé avant Jésus-Christ par les Salasses, colonisé par les Romains, envahi par les Burgondes, disputé par les Bourguignons, les princes italiens et les empereurs germaniques, le val d'Aoste dépendit, à partir du XIᵉ siècle, de la maison de Savoie. Un siècle plus tard, la grande charte des Franchises reconnaissait à la région une indépendance qui ne fut remise en question qu'à la fin du XVIIIᵉ siècle. C'est en 1948 seulement que la vallée d'Aoste retrouva son autonomie régionale.

De l'époque romaine, la ville d'Aoste conserve quelques vestiges : la porta Pretoria, un pont, le théâtre, le forum. Le long de la Doire Baltée, la voie romaine symbolise encore le grand axe d'invasion emprunté, au fil des siècles, par les envahisseurs dévalant du Grand Saint-Bernard vers la plaine du Pô.

Les châteaux valdotains, rudes forteresses ou agréables manoirs, sont nombreux : le bastion cubique et crénelé de Verrès, sans donjon ni tour d'angle, presque sans ouvertures, forme bloc avec le roc qui lui sert de piédestal ; le château de Graynes est perché sur un éperon de la vallée d'Ayas ; remarquable exemple d'architecture militaire, le château de Fenis, à la double enceinte aux « mille tours », fut édifié au XIVᵉ siècle ; le manoir d'Issogne a toute l'élégance de la Renaissance, avec sa cour ornée d'une fontaine cernée d'arcades, ses loggias et ses fresques historiées.

Le val d'Aoste est surtout fréquenté pour ses stations de sports d'hiver parfaitement équipées, comme Courmayeur et Breuil Cervinia. L'été, les hameaux de haute altitude se peuplent d'alpinistes et d'amoureux de la nature qui espèrent apercevoir les bouquetins du parc national du Grand-Paradis.

▲
Aoste a conservé quelques vestiges des monuments qui lui valurent le surnom flatteur de « Rome des Alpes ». (Ruines du théâtre antique.)
Phot. S. Marmounier

le Piémont

Au cœur du Piémont, Turin, sise au milieu de collines sur la rive gauche du Pô, étale un plan géométrique, inspiré du castrum romain qu'elle fut *(Augusta Taurinorum)* et aménagé par les urbanistes du XVIIᵉ siècle. De la cité romaine, elle ne conserve que la porta Palatina et les collections du musée des Antiquités.

Dès le XVe siècle, Turin devint la capitale des États de la maison de Savoie qui y établit sa résidence. Le palazzo Reale (palais royal), sobre et classique édifice de brique, ouvre sur l'immense piazza Castello par de hautes grilles ouvragées, gardées par d'imposantes statues. Le jardin royal sert, en été, de cadre à des représentations artistiques. Au centre de la piazza Castello, le palazzo Madama doit son nom aux reines qui y logèrent, et son renom à l'architecte Filippo Juvarra, qui, en 1718, ajouta à l'ancienne bâtisse, d'allure très militaire, la façade baroque aux immenses fenêtres, l'escalier monumental et le Grand Salon; au rez-de-chaussée, le museo civico di Arte antiqua (musée d'Art ancien) contient des sculptures sur bois gothiques, caractéristiques de l'art valdotain. (C'est Filippo Juvarra qui éleva aussi, près de Turin, l'élégant pavillon de chasse de Stupinigi, dont un cerf de bronze, au sommet de la coupole, symbolise la fonction et qui s'inscrit dans un parc à la française aux impeccables pelouses. Dominant Turin à 670 m d'altitude, la basilique de Superga — symétrie, colonnes et pilastres — fut également édifiée par Juvarra pour le roi Victor Amédée II.) On trouve aussi sous les arcades de la piazza Castello, dans les salles de l'Armeria reale (Armurerie royale), une des plus importantes collections d'armes d'Europe.

Malgré sa façade baroque, le palazzo Carignano ne laisserait pas un souvenir impérissable s'il n'avait accueilli solennellement, en 1861, les 443 députés du premier Parlement italien. Ville natale de Cavour, Turin fut, en effet, le centre politique du *Risorgimento.* Un musée regroupe d'intéressants documents relatifs à cette période décisive de l'histoire d'Italie. L'Académie des sciences, « collège des nobles » au XVIIe siècle, est devenue un centre culturel de première importance en hébergeant le musée des Antiquités, la galerie Sabauda aux riches collections de peintures flamande et hollandaise, et surtout le Musée égyptien, qui joint à ses statues une évocation de la vie quotidienne au temps des pharaons. L'été, le parc du Valentino constitue, le long du Pô, un havre de fraîcheur pour les Turinois et un centre d'attractions, avec son bourg médiéval (construit en 1884) où l'on découvre la vie d'un village piémontais au Moyen Âge.

Du haut du mole Antonelliana, dont l'audacieuse flèche de métal fait l'orgueil des Turinois depuis la fin du XIXe siècle, on aperçoit, au-delà du plan régulier de la ville, les banlieues industrieuses où règne la Fiat.

Aux environs de Turin, au-dessus de la vallée de Suse arrosée par la Doire Ripaire, le monastère de la Sacra di San Michele veille, à près de 1 000 m d'altitude, sur la plaine du Pô. Au Moyen Âge, il abritait plus de cent moines bénédictins. Il faut passer la porte de fer, grimper le long « escalier des Morts » et admirer les sculptures du XIIe siècle, représentant le zodiaque, et les fresques du XVIe, rappelant la légende de la fondation du sanctuaire. À

▲
Pentes abruptes et boisées, verts pâturages, torrent bouillonnant : La Thuile, une des stations de montagne du val d'Aoste, au pied du col du Petit-Saint-Bernard.
Phot. Fiore

◄
Construit en 1884 pour une exposition, le « borgo medioevale » du parc de Valentino, à Turin, restitue l'ambiance d'un village du Moyen Âge, avec son château, ses échoppes et ses maisons à arcades.
Phot. Fiore

Verceil, la basilique Sant'Andrea, entourée de rizières, date du XIIIe siècle. Son petit cloître, dont les arcades s'appuient sur des colonnettes rondes groupées par quatre, séduit par sa simplicité. Dans les douces collines de Montferrat, le cloître de l'abbaye de Vezzolano possède une curieuse danse macabre.

la Ligurie

Tel un croissant doré, la Ligurie, tournée vers le soleil, s'arrondit entre les Alpes et l'Apennin d'une part, la Méditerranée d'autre part. Protégée de l'agression des vents du Nord par les barrières montagneuses, elle connaît, à longueur d'année, un climat privilégié qui fait d'elle, depuis des millénaires, un lieu de villégiature.

De la frontière française au golfe de La Spezia, la Riviera ligure égrène un chapelet d'anses bleues, de promontoires verdoyants, de petits ports, de stations balnéaires et de grands centres urbains concentrant l'activité industrialo-portuaire, commerçante et administrative (Imperia, Savone, Gênes, La Spezia). Au milieu du croissant, Gênes, premier port d'Italie, sépare la Riviera du Ponant de celle du Levant.

La Riviera du Ponant réunit, entre Vintimille et Alassio, la plupart des cultures florales de la péninsule italienne : 200000 quintaux pour le seul marché de San Remo. De la mi-octobre à la mi-juin, dans les marchés aux fleurs colorés, parfumés et bruyants, la foule des touristes se mêle à celle des marchands dans la fraîcheur des halles. Entre les monceaux de cageots prêts à être expédiés aux quatre coins d'Europe, les petits producteurs vendent leurs bouquets et leurs compositions artisanales de paille et de fleurs séchées.

Capitale de cette Riviera des Fleurs, San Remo (ou Sanremo) présente un double visage : la vieille ville aux ruelles sombres et étroites, fleurant l'ail et la lessive qui sèche aux fenêtres, et la brillante cité moderne, avec son casino et le magnifique corso Imperatrice planté de palmiers. Ospedaletti Ligure, Bordighera et Vintimille offrent le pittoresque de villes anciennes et le charme de promenades au bord de la mer d'où l'on peut, même en hiver, rester des heures à contempler l'horizon. En pénétrant dans les montagnes de l'arrière-pays par le val de Nervia, on gagne l'étrange cité de Pigna, avec ses ponts médiévaux, ses églises romaines et ses arcades. À l'extrémité de la Riviera des Fleurs, Alassio allie l'attrait de son immense plage de sable à celui des vieilles pierres (églises du XIIIe siècle, palais et tours médiévales).

Évoquant le souvenir dramatique de la noyade de Shelley au large de Lerici, la Riviera du Levant, aux reliefs plus accentués, est restée longtemps à l'écart des grands axes, mais elle sourit aujourd'hui de toutes ses stations balnéaires : Rapallo, aux lauriers-roses et aux jardins exotiques dominés par le belvédère de la Madonna di Montallegro ; Chiavari et ses rues à arcades ; Sestri Levante et sa pinacothèque du palazzo Rizzi ; Portovénere et ses promenades en barque vers la grotte d'Azur et la grotte des Colombes, dans l'île de Palmaria ; Lerici, la tour à cinq pans de son château et ses roches rouges qui plongent en falaises dans la transparence des eaux d'émeraude où s'insinuent les pêcheurs sous-marins.

La plus typique peut-être de ces stations, Portofino, étage ses étroites maisons roses à volets verts entre la mer et la montagne. Dans la rade, les voiliers de plaisance côtoient les humbles barques de pêche. Les vieilles maisons du port contrastent avec les grandes villas qui prennent leurs aises sur le coteau, à l'ombre des oliviers et des pins maritimes. Par de petits sentiers escarpés qui s'élèvent au-dessus de la mer, on découvre des kilomètres de côtes, tantôt rocheuses, tantôt sablonneuses.

Préservée de la *furia turistica* par son isolement géographique, la région des Cinqueterre, entre Levanto et La Spezia, comprend cinq villages de pêcheurs, accrochés depuis des siècles entre ciel et mer. La coutume, la langue et le vin y ont gardé leur pureté et leur force originelles.

▲ *Le costume traditionnel de la province de Gênes semble paré de toutes les fleurs de la Riviera ligure.*
Phot. C. Lenars

▲ *Riomaggiore, un des cinq villages des Cinqueterre, accrochés au rocher à pic et coincés entre la mer et les collines.*
Phot. S. Marmounier

Un peuple de marins

La Ligurie est peuplée depuis fort longtemps : c'est près de Vintimille que furent découverts les vestiges de l'homme de Grimaldi, cher aux préhistoriens. Sept siècles avant notre ère, le peuple ligure, venu du Nord, colonise la Riviera ; on retrouve encore son teint clair et ses yeux bleus chez quelques-uns des séducteurs de la côte. Envahie par les Romains, la Ligurie s'organise ; la *via Aurelia* draine hommes et marchandises au long de ses lacets et de ses corniches, dont la très passante route nationale emprunte encore les sinuosités. Aujourd'hui en retrait de la côte, Albenga était un port à l'époque romaine, comme en témoignent les amphores conservées au Musée naval romain. De même Albisola. À l'arrivée des Barbares, les habitants se retirèrent à l'intérieur des terres, où ils bâtirent des places fortes comme Taggia, à l'entrée de la vallée de l'Argentina, qui fut, au *quattrocento* et au *cinquecento*, le point de rencontre des peintres niçois et génois.

Au Moyen Âge, la République de Gênes tenait la Ligurie sous sa tutelle, et Gênes était une grande puissance maritime. Déjà fort actif, son port profita des croisades pour étendre sa suprématie jusqu'en Afrique du Nord, en Crimée et en Syrie. En lutte avec ses rivales Pise et Venise, Gênes subit ensuite l'oppression des puissances étrangères. Au milieu du XVIe siècle, l'amiral Andrea Doria lui rendit son indépendance. Après lui, le port, soumis à la domination espagnole, périclita. La ville fut bombardée par Duquesne sur ordre de Louis XIV, qui humilia le doge à Versailles. Un siècle plus tard, Gênes vendait à la France la Corse, qui faisait alors partie de son immense empire. À l'époque napoléonienne, c'est toute la région qui devint française, Gênes n'étant plus, désormais, qu'un simple chef-lieu de département.

C'est aux XVIe et XVIIe siècles que Gênes, pourtant déclinante, construisit ses plus beaux palais, dont on ne saurait se contenter d'admirer les façades car ils recèlent des trésors : via Balbi, le palais de l'Université et son imposant escalier, le palais royal aux salles décorées de riches tapisseries, de fresques et de tableaux ; via Garibaldi, le palazzo Bianco et le palazzo Rosso, qui rivalisent de prestige, l'un et l'autre abritant les œuvres des plus grands maîtres.

▲
Petit village de pêcheurs devenu station élégante, Portofino offre aux plaisanciers l'abri de son port naturel et l'un des plus beaux sites de la Riviera du Levant.
Phot. P. Tétrel

peintres et sculpteurs poursuivirent brillamment l'œuvre de décoration intérieure. Malgré l'abondance de l'ornementation, la façade de marbre blanc, soulignée de motifs de couleurs, avec fronton triangulaire, colonnades, médaillons à l'antique, arcatures, pilastres ornés de statues, laisse une impression d'ordre et d'équilibre grâce à la symétrie et à la justesse des proportions. Des arcades du Petit Cloître, le regard monte vers la coupole octogonale étagée de quatre galeries à arcades; l'ocre de la terre cuite côtoie la pâleur du marbre de Carrare. Près du Grand Cloître, sur lequel donnent les vingt-quatre cellules des chartreux, on s'étonne de nouveau de la sérénité qui se dégage de tant d'exubérance.

Dans la ville même de Pavie, les sanctuaires dressent de hautes et plates façades, caractéristiques de l'art romano-lombard. Entre les pilastres de l'église San Michele, un étrange bestiaire de pierre rehausse la très simple décoration romane. Au-dessus du maître-autel de l'église San Pietro in Ciel d'Oro, l'arca di San Agostino (tombeau de saint Augustin), sculptée par Balduccio, est un pur chef-d'œuvre gothique. Imposant et sobre, le castello Visconteo conserve trois des cent hautes tours que comportait jadis le système défensif de la ville.

Milan l'Opulente

On oublierait l'éclat de son passé tant Milan est tournée vers l'avenir. Pourtant, derrière le visage moderne de la capitale économique de l'Italie, églises et musées recèlent des trésors.

Au IVe siècle, Constantin y rédigea, avec son beau-frère Licinius, l'édit qui reconnaissait officiellement le christianisme. Fondée à la place d'un temple païen par l'évêque saint Ambroise, qui y repose, la basilique Sant' Ambrogio est précédée d'un atrium orné de remarquables chapiteaux romans.

La période médiévale est marquée par la domination des Visconti, puis des Sforza, qui s'y entre-tuent avec raffinement et laissent dans la ville des témoignages éclatants de leur magnificence. Commencée à la fin du XIVe siècle sur ordre de Jean-Galéas Visconti, la construction du Duomo mit à contribution des architectes allemands, français et lombards et se poursuivit jusqu'au XIXe siècle : c'est en effet Napoléon qui fit achever la façade ouest entre 1805 et 1813. Malgré cela, la cathédrale est d'une grande unité architecturale. Marbre blanc, vaste esplanade dallée précédant la gigantesque façade, centaine de flèches et de clochetons, milliers de statues... dans la chaleur écrasante de l'été milanais, le Duomo semble à la fois colossal et aérien. L'impression subsiste à l'intérieur, où l'élévation des piliers répond à l'énormité des dimensions.

Ludovic le More, mécène éclairé de la famille des Sforza, sut attirer à Milan l'architecte Bramante et Léonard de Vinci. Le premier donne la preuve de son goût de l'antique dans le chœur et la tribune de l'église Santa Maria delle Grazie. À gauche de l'église, l'ancien couvent des Dominicains s'enorgueillit d'une fresque du second, représentant la Cène. Au palais de l'Ambrosiana, la pinacothèque offre, entre autres richesses, un éventail unique de dessins de Léonard de Vinci, une *Vierge* de Botticelli et les cartons de Raphaël pour sa célèbre fresque de *l'École d'Athènes*.

L'ancien collège des Jésuites, édifié au XVIIe siècle, abrite la pinacothèque de Brera, fondée par Napoléon dont la statue, par

Deux places symbolisent la Gênes d'hier et d'aujourd'hui : la petite piazza San Matteo, harmonieusement encadrée par les maisons des Doria, et la piazza de Ferrari, cœur de la cité contemporaine. Du belvédère du mont Righi, on découvre Gênes dans tous ses contrastes : somptueux palais de marbre et ruelles insalubres de la vieille ville, silhouettes anonymes des grands immeubles ultra-modernes qui bordent le port et façades pittoresques des maisons anciennes (parmi lesquelles on cherche celle où serait né Christophe Colomb). Les toits enchevêtrés escaladent l'amphithéâtre de collines qui enserre le port. Au centre, le clocher gothique de la cathédrale San Lorenzo fait pendant, depuis le XVIe siècle, à la tour carrée de la Lanterna, ce phare qui rayonne sur la mer comme Gênes la Superbe le faisait jadis.

la Lombardie

Au cœur de la plaine du Pô, la chartreuse de Pavie, fondée en 1396 par Jean-Galéas Visconti, reflète quatre siècles d'art religieux lombard. Les grands travaux, le premier étage de la façade, l'agrandissement et la décoration des cloîtres remontent au XVe siècle, la clôture du chœur et l'achèvement de la façade datent du XVIe et, pendant les deux siècles suivants,

▲ *Souvenir de l'époque où Gênes était l'une des grandes puissances maritimes de la Méditerranée, la porte Soprana a survécu à la destruction des remparts, qui dataient du XIIe siècle.*
Phot. Koch-Rapho

▲ *Chartreuse de Pavie : le Grand Cloître sur lequel donnent les cellules des moines, sortes de petits pavillons individuels composés de trois pièces et d'un jardinet.*
Phot. Scala

▶ *Les galeries à arcades du Petit Cloître et du dôme de l'église, avec les marbres polychromes, les sculptures et les médaillons de terre cuite, font de la chartreuse de Pavie un des plus beaux témoignages de la Renaissance lombarde.*
Phot. Scala

Canova, trône dans la cour à arcades. Dans les salles, dominées par le *Christ mort* de Mantegna, terrible de réalisme, on bénéficie d'une large vue d'ensemble sur l'école de peinture lombarde des XVe et XVIe siècles. Derrière les sévères murs de brique du castello Sforzesco, le château des Sforza, le musée d'Art ancien abrite, lui aussi, des œuvres d'artistes lombards ainsi que de nombreux sarcophages, tombeaux et dalles funéraires du IVe au XIVe siècle. Dans le vaste parc Sampione se dressent les trois arches de l'arc de la Paix, dédié à Napoléon Ier et surmonté d'une imposante statue de la Paix due à Sangiorgio.

Dans les rues, hommes et femmes s'affairent. Des employés entrent et sortent des gratte-ciel et des grandes banques, nombreuses à Milan depuis le Moyen Âge où les banquiers lombards, en développant le crédit, insufflèrent leur dynamisme au commerce. On retrouve les hommes d'affaires, l'après-midi, dégustant un *cappucino* (café crème) et lisant *La Stampa* dans la grande Galleria couverte au dallage multicolore, le soir au théâtre de la Scala aux six étages de loges, le dimanche supportant l'équipe de l'*Inter* sur les gradins du stade aux trente mille places. Pendant la seconde quinzaine d'avril, ils sont à la Fiera Camponaria, une grande foire commerciale où se rencontrent des industriels venus de tous les pays.

Au pays de Stradivarius et de la « commedia dell'arte »

Les villes de la plaine lombarde gardent, inscrites dans leurs pierres, les marques de leur histoire pour le moins tumultueuse.

Quand on sait le nombre de puissances auxquelles Bergame appartint, les luttes qu'elle soutint pour son indépendance, les dévastations qu'elle subit, on est encore plus frappé par l'impression d'éternité qui se dégage de la vieille cité enfermée derrière une ceinture de remparts, romantique et paisible sentinelle assoupie à l'ombre de grands marronniers. Ses murs aux teintes claires et ses étroites toitures de tuiles sont dominés par les hautes tours de la citadelle et des clochers. On pénètre dans la ville ancienne par la porta San Giacomo, dont le fronton de marbre blanc tranche sur la patine des vieilles murailles couvertes de lierre. Les ruelles étroites, tortueuses et pentues, les vénérables demeures où vécurent des *condottiere,* la piazza Vecchia et le sévère palazzo della Ragione, la petite chapelle dédiée à saint Michel sont autant d'invites à la flânerie. La façade baroque de la chapelle Colleoni, avec petit balcon à colonnettes et marbres polychromes, évoque moins un lieu de culte qu'un décor de théâtre : nous sommes au pays de la *commedia dell'arte,* où Brighella de Bergame, Polichinelle le hâbleur, Scapin le fourbe, la douce Colombine et Pierrot son amoureux transi, les belliqueux Scaramouche et Fracasse, Mezzetin le musicien et Arlequin le valet entremêlent leurs destins à partir d'un canevas autour duquel les acteurs improvisent à loisir.

Pays de théâtre, mais aussi de musique, Bergame dansa longtemps l'allègre bergamasque et vit naître, à l'époque romantique, Gaetano Donizetti, auteur de soixante-dix opéras *(Lucie de Lammermoor, la Favorite).*

Comme Bergame eut Donizetti, Crémone eut Monteverdi. Comme Bergame, Crémone souf-

◄
Précédée d'une vaste esplanade, hérissée de gables et de pinacles, la façade triangulaire du Duomo de Milan, le plus grand sanctuaire gothique d'Italie, a été achevée au XIXe siècle sur l'ordre de Napoléon.
Phot. Spiegel-Rapho

►
Entre le Duomo de Milan et le célèbre théâtre de la Scala, la Galleria (galerie Vittorio Emanuele II) est, avec ses magasins, ses restaurants et ses cafés, le lieu de rencontre attitré des Milanais.
Phot. Rousseau-Top

▲
C'est Amadeo, l'architecte de la chartreuse de Pavie, qui dota la médiévale Bergame de la chapelle Colleoni, gracieux mausolée Renaissance pour un redoutable condottiere.
Phot. Rousseau-Top

►
Près de Mantoue, des lavandières au bord du Mincio, dont les eaux confondent leur bleu avec celui du ciel, dans une lumière d'Extrême-Orient.
Phot. Bérenger-C. D. Tétrel

frit au XIIe siècle de la rivalité des guelfes et des gibelins. Son Duomo est considéré comme caractéristique de l'art religieux lombard : façade aux nombreuses arcatures, porche en avancée, gardé par des lions de pierre. Isolé, le campanile (c'est le plus haut d'Italie : 115 m) dresse une tour carrée et crénelée, surmontée d'un clocheton hexagonal. À droite de la cathédrale, le baptistère, construit au XIIe siècle, participe à l'harmonie paisible de la place. L'intérieur du Duomo n'est que décoration : plafonds peints, fresques du XVIe siècle, riches tapisseries du XVIIe. Du XVIe au XVIIIe siècle, Crémone posséda une exceptionnelle école de lutherie, où Stradivarius n'avait pas son pareil pour faire chanter l'âme des violons; son souvenir reste vivant grâce au musée qui lui est consacré et aux violons du maître conservés au palazzo del Comune.

Entourée de trois lacs, Mantoue fut, aux XVe et XVIe siècles, la ville des Gonzague, dont elle conserve le gigantesque palazzo ducale, où se tenait la cour, et la résidence d'été, le palazzo del Te décoré à profusion. Symbole de leur puissance et de leur richesse, le palazzo ducale est magnifiquement situé au-dessus des jardins et des lacs, dont la vue, depuis l'« appartement du Paradis », évoque effectivement l'Eden. La richesse des fresques et des tableaux rappelle le rôle de mécènes joué par les Gonzague.

Les lacs italiens, tout un poème...

« Que dire du lac Majeur, des îles Borromées, du lac de Côme, sinon plaindre les gens qui n'en sont pas fous ? » s'écriait Stendhal. Depuis deux mille ans, peintres, poètes et écrivains chantent la beauté de ces lacs sertis dans les montagnes lombardes. Passé le Simplon, le Saint-Gothard ou le Brenner, ils constituent, après les Alpes, le premier contact avec la terre latine, et leur climat privilégié attire en toutes saisons de riches visiteurs venus des quatre coins du monde.

Le plus oriental, le plus vaste aussi avec ses 370 km², le lac de Garde, à cheval sur la Lombardie et la Vénétie, cache aux vents du Nord ses rives chargées d'oliviers et de vignes, de citronniers et d'agaves. Aigu comme un fjord au nord du cap San Vigilio aux vénérables cyprès, il aplatit ses berges vers le midi. De Catulle à Renan, de Virgile à Barrès, d'Horace à D'Annunzio, bien des hommes se sont émus devant l'infinie variété de ses paysages et de ses couleurs. L'esthète aimera la somptueuse Gardone Riviera, près de laquelle D'Annunzio termina ses jours. À Sirmione, les stratèges apprécieront l'étroite bande de terre s'avançant en proue dans les eaux du lac, les murailles de la forteresse de Peschiera plongeant dans le port, au bout de la ville aux pittoresques ruelles, tout près des ruines romaines de ce qui fut peut-être une villa de Catulle. Les amoureux se cacheront à Malcesine, où Goethe fut pris pour un espion et arrêté parce qu'il dessinait le château des Scaliger. Les petits ports de pêche de Limone sul Garda ou de Lazise (bateaux aux voiles carrées, couleur ocre, souvent rapiécées, filets séchant au soleil sur deux rames) retiendront les amateurs de

▲
La « chambre des époux », dans le Castello di San Giorgio, un des bâtiments de l'immense palazzo ducale de Mantoue, est décorée de très belles fresques de Mantegna, grand peintre du Quattrocento.
Phot. Desjardins-Top

▲
À gauche de la façade revêtue de marbre du Duomo de Crémone, on aperçoit la base du Torrazzo, qui, avec ses 115 m de haut, est le campanile le plus élevé d'Italie.
Phot. Rousseau-Top

▶
Sur la piazza Vecchia de Bergame, l'antique palazzo della Ragione et l'escalier couvert qui mène à la torre del Comune, du haut de laquelle on jouit d'un magnifique panorama.
Phot. Rousseau-Top

BANCA POPOLARE DI BERGAMO ~ AGENZIA

plaisirs plus simples. Le gastronome dégustera les vins de Bardolino, le randonneur escaladera les croupes puissantes du Monte Baldo, l'automobiliste empruntera la fantastique route du Val Braza, qui débouche sur le plateau de Tremosine, 300 m au-dessus du lac.

Dans l'ombre du lac de Garde, le lac d'Iseo possède la plus grande île lacustre d'Italie : Monte Isola. À 599 m d'altitude, un sanctuaire offre sur les sommets enneigés des Alpes Bergamasques et le miroir pâle des eaux un panorama d'aquarelle. Au bord du lac, les petites cités cachent derrière un visage industrieux des toiles ou des fresques attachantes. Le lac de Côme fut chanté pour sa beauté dès l'Antiquité. Pline le Jeune y possédait plusieurs villas. Formant un Y renversé, ses trois bras sont inégalement réputés : à l'est, le Lecco a des berges sauvages et souvent abruptes ; à l'ouest, le lac de Côme proprement dit est le plus célèbre et le plus animé ; la branche nord, enfin, profondément creusée entre les cimes enneigées, s'enfonce au cœur des Alpes. En proue entre les trois bras de l'Y, la presqu'île triangulaire de Bellagio : ses arcades, ses les pergolas en fleur au bord de l'eau. Au détour d'un petit escalier descendant vers l'eau, on imagine aisément les scènes de *la Chartreuse de Parme* que Stendhal y situa. Il faut franchir les grilles ouvragées des luxueuses résidences pour admirer les vasques débordantes de géraniums, les ifs taillés en boule, les allées toutes blanches, les Amours potelés et les balustrades de pierre des terrasses et des escaliers d'où la vue s'échappe vers le lac : villa Pliniana, les pieds dans l'eau, dont Napoléon apprécia le charme sauvage ; villa d'Este, bâtie par un cardinal en 1570, refuge d'amour pour Caroline de Brunswick, palace aujourd'hui ; villa Carlotta, tant aimée de Stendhal pour ses azalées, ses camélias, ses rhododendrons encadrant de célèbres statues ; des terrasses de la villa Serbelloni, devenue hôtel de luxe, le regard s'enfuit vers l'une ou l'autre des trois branches du lac.

Des chemins grimpent dans les collines vers la station de Brunate, vers l'abbaye de Piona et son cloître roman aux délicates colonnes de marbre, vers le sanctuaire de la Madone de Ghisallo, protectrice des coureurs cyclistes,

rues-escaliers bordées de verdure, ses jardins parfumés l'emportent en renommée sur les autres stations de villégiature, Tremezzo, Cadenabbia, Cernobbio, Varenna. À Côme, qui a donné son nom au lac, la cathédrale associe subtilement les styles gothique et Renaissance, et sa façade paraît nue, malgré l'abondance des statues superposées en hautes verticales de chaque côté du portail. Aux tours des campaniles, certains curieusement ouvragés comme celui d'Ospedaletto, répondent les flèches des cyprès. Minuscule et charmante, l'Isola Comacina cache dans la verdure ses ateliers d'artistes et les vestiges de sa forteresse.

« Ce lac dépasse en beauté tout ce que j'ai vu jusqu'ici ! » s'enthousiasmait Shelley devant les oliviers bleus, les noyers, les figuiers odorants, pittoresque avec ses vélos accrochés en ex-voto et sa vue sur le lac que sillonnent de grands bateaux à voiles rectangulaires. D'autres excursions remontent les vallées qui alimentent le lac : à l'est, le torrent Pioverna a creusé les gorges de l'Orrido di Bellano aux cascades écumeuses, tandis qu'à l'ouest le val d'Intelvi s'ouvre largement.

▲
À Tremezzo, sur le lac de Côme, des escaliers à balustres relient la villa Carlotta, belle demeure du XVIIIe siècle, aux diverses terrasses de ses magnifiques jardins.
Phot. Rousseau-Top

Des cascades de jardins

Appelé «Ceresio» par les Italiens, le lac de Lugano est en grande partie suisse. Bien que ses pentes sauvages lui donnent un aspect plus helvétique qu'italien, quelques villages sentent vraiment l'Italie : Gandria, dont les terrasses descendent à pic sur le lac, ou Morcote, au pied de ses vignobles, étageant ses toits de tuile entre les quilles de ses cyprès et de son campanile. Sur la rive orientale, petite enclave italienne en territoire helvétique, Campione d'Italia, particulièrement fréquentée aujourd'hui pour son casino, fut la patrie des Maestri Campionesi, maîtres d'œuvre concurrents des architectes de Côme, les Maestri Comacini ; par leur notoriété, les uns et les autres contribuèrent, au XIVe siècle, à propager le style lombard dans toute l'Europe.

Pour gagner le lac de Varèse, on traverse les élégantes rues à arcades et la coquette cité du même nom. Au-dessus de la ville, trois extraordinaires panoramas s'offrent des sommets du monte Tre Croci, du Sacro Monte et du Campo dei Fiori : on y dénombre six lacs, Varèse, Biandronno, Monate, Comabbio, Côme et deux morceaux du lac Majeur, ce qui en fit compter sept à Stendhal.

Comme le lac de Lugano, le lac Majeur appartient partiellement à la Suisse. Parfaitement lisse sous le ciel d'azur, il change au gré du temps, se creusant parfois de vagues énormes, brutales comme des tempêtes océanes. C'est en bateau qu'il est préférable de partir à sa découverte, car d'innombrables villas masquent la vue depuis la route. Aux grandes embarcations à moteur affrétées tout exprès pour les touristes, on peut préférer une de ces petites barques romantiques blotties au milieu des roseaux : longeant les rives, on devine à peine, entre les grandes taches colorées des azalées et des rhododendrons, les façades classiques des luxueuses résidences. On s'arrêtera à Cannobio pour admirer le dôme imposant de l'église Renaissance. On passera entre Cannero Riviera, qui étage ses orangers et ses citronniers sur les pentes du monte Carza, et les deux petits châteaux qui, au XVe siècle, servirent de repaire à cinq frères pirates. À Pallanza Verbania, un coup d'œil sur les terrasses de la villa Taranto. Au-dessus de

◄
Créneaux, donjon, mâchicoulis et pont-levis : le château Scaligero apporte une note guerrière à la très pacifique station thermale de Sirmione, sur la rive méridionale du lac de Garde.
Phot. Rousseau-Top

▲
Sur le plus sauvage des lacs de Lombardie, le lac de Garde, le bourg de pêcheurs de Limone sul Garda entasse ses maisons au pied d'une muraille rocheuse.
Phot. P. Tétrel

Locarno, la Madonna del Sasso jouit d'une vue qui fait pardonner son extravagance. On fera escale à Pallanza ou à Baveno, villégiatures presque aussi fréquentées que Venise par les jeunes mariés.

Au milieu des eaux se trouvent les îles Borromées. La plus célèbre, Isola Bella, réunit, sur les terrasses du palais Borromée, les plantes les plus rares. Dans cette île à la nature entièrement domestiquée, les jardiniers sont des artistes qui, avec le soleil, la terre, l'eau et les fleurs, créent des spectacles féeriques. Moins sophistiquée, Isola Madre laisse courir, au milieu des fleurs, paons, faisans dorés et oiseaux exotiques. Dans l'île des Pêcheurs, les maisons sont si serrées que les pêcheurs ont à peine la place de faire sécher leur poisson.

Le lac d'Orta est situé un peu à l'écart. Au-dessus des rives doucement arrondies, des collines boisées se mirent dans ses eaux d'émeraude. Au pied de la montagne, la petite ville d'Orta s'étire, avec sa piazzetta ombragée, son palais du XVIe siècle devenu hôtel de ville, ses villas cachées dans leurs parcs, derrière les arabesques de belles grilles en fer forgé. On peut gravir le Sacro Monte pour découvrir de lointaines échappées sur le lac et vingt petites chapelles qui furent dédiées à saint François entre le XVIe et le XVIIIe siècle. Dans l'île San Giulio s'enchevêtrent en désordre toits, maisons, terrasses et balcons; dans la basilique, fondée au IVe siècle par San Giulio, des chapiteaux des Xe et XIe siècles retiennent l'attention, ainsi qu'une magnifique chaire sculptée en marbre noir.

Avant de quitter les lacs italiens, la montée au Mottarone (1 491 m) permettra d'embrasser l'un des panoramas les plus ouverts de la région : il va des Alpes suisses à la plaine du Pô où pointe, par temps clair, le Dôme de Milan.

◄
Dans les jardins d'Isola Bella, sur le lac Majeur, une architecture de rêve, peuplée de statues, se mêle aux fleurs et aux plantes exotiques.
Phot. Desjardins-Top

▲
Vue de Stresa, Isola Bella mire dans le lac Majeur son palais baroque, son vieil oratoire, ses quelques maisons et ses terrasses fleuries.
Phot. Rousseau-Top

le Trentin-Haut-Adige

À l'est de la région des lacs, l'arc alpin change de visage. Bien que les altitudes n'y atteignent plus 4 000 m, l'impression de vertige y est encore plus prenante que dans les majestueux massifs occidentaux. Désolées, déchiquetées, à pic sur des centaines de mètres, les falaises des Dolomites ne sont comparables à aucune autre montagne. Le calcaire rosé y flamboie au coucher du soleil, au-dessus des versants d'éboulis et des sombres forêts de sapins. Autant les sommets sont déserts, autant les vallées sont accueillantes avec leurs maisons aux balcons de bois fleuris de géraniums et de pétunias.

Des lacs de cristal se blottissent au fond de grandes forêts. En hiver, le vert cru des alpages fait place à la blancheur immaculée des champs de neige, et la foule multicolore des skieurs succède aux alpinistes et aux randonneurs.

Les eaux du ciel sont rares, mais celles de la terre sont riches, et les stations climatiques et thermales sont nombreuses dans les Dolomites. La clémence du climat et l'audace du relief expliquent la grande variété de végétation. À l'olivier des combes les plus ensoleillées font suite sapins et mélèzes, puis, plus haut encore, le maigre pinastre et le cembro des glaciers.

À l'ouest de Trente, le massif de Brenta s'entaille de combes verdoyantes où s'installent les stations : Madonna di Campiglio, au pied du Brenta; Molveno, point de départ de promenades autour du lac du même nom et de l'ascension du Paganella; Andalo, couronnée de sapins et de crêtes neigeuses. Au-dessus de Madonna di Campiglio, Campo Carlo Magno doit son nom à Charlemagne qui aurait, il y a plus de mille ans, franchi le col entre le Brenta et la Presanella. Sévère et sauvage, le val di Genova s'enfonce entre les murailles chaotiques; son torrent cascade parfois d'un seul bond sur une centaine de mètres. Au fond des grands bois de sapins où survivent les derniers ours bruns des Alpes, le lac de Tovel surprend par la coloration rouge de ses eaux.

À 2 239 m d'altitude, le passo Pordoi, le col le plus élevé de la route des Dolomites, étale ses pâturages entre les murailles du Sasso Pordoi et du Sasso Becce. Canazei, confortable station fréquentée été comme hiver, est située dans une combe d'où les skieurs, et surtout les alpinistes, partent à l'assaut de la cime la plus haute, sinon la plus décharnée des Dolomites : la Marmolada (3 342 m). Vigo di Fassa et Moena s'épanouissent dans un cadre champêtre. De la station climatique de San Martino di Castrozza, on découvre l'un des massifs les plus spectaculaires des Dolomites : les *Pale* di San Martino, larges palettes plates dressées droit vers le ciel.

▲
Des architectures rocheuses, hautes et décharnées, des aiguilles aux formes tourmentées, donnent aux Dolomites un aspect lunaire. (Les trois cimes du Lavaredo, 2 998 m.)
Phot. S. Marmounier

Capitale du Trentin-Haut-Adige, Trente témoigne de son passé par son palazzo Pretorio flanqué d'une tour carrée, son castello del Buon Consiglio (château de Bon-Conseil), ses maisons Renaissance ornées de fresques, son Duomo romano-lombard et l'église Santa Maria Maggiore, où se tint le célèbre concile qui, au XVIe siècle, tenta d'enrayer l'essor du protestantisme. Au carrefour de grandes voies de communication entre Brescia, Padoue, Vérone et Bolzano, Trente est aujourd'hui le centre industriel et commercial de la région.

Bois sculpté et télésièges

On quitte le Trentin pour entrer dans le Haut-Adige par le passo di Sella, entre les dents aiguës du Sasso Lungo et l'orgueilleuse forteresse naturelle du Sella. D'abord étroitement encaissé entre des falaises, le val Gardena s'élargit après Ortisei, village qui perpétue, avec ses voisins Santa Cristina et Selva, la tradition de la sculpture sur bois et dont la population parle toujours un dialecte romanche. Au-dessus du val Gardena, les prairies des Alpes de Siusi et de Fié se transforment l'hiver en pistes de ski. Fié attire par ses bains de foin, traitement des douleurs arthritiques, et le lac de Carezza reflète les pins dans son miroir bleu, au pied du rempart crénelé du Latemar.

Dans la vaste combe où se rejoignent l'Adige et l'Isarco, Bolzano, de très ancienne origine et chef-lieu du Haut-Adige, est un moderne centre industriel et une vieille ville médiévale, aux maisons à encorbellement et aux ruelles voûtées, marquée par la domination autrichienne ; au-dessus des toits s'élèvent les tuiles multicolores et l'élégant clocher ajouré du Duomo. Au confluent de la Rienza et de l'Isarco, Bressanone s'étend au fond d'un cirque de collines sombres, dont les dents blanches et acérées du massif de l'Odle ferment l'horizon. La vieille ville épiscopale, de style tyrolien, possède un cloître décoré d'étranges fresques et un palais Renaissance, celui des Princes-Évêques. Non loin, le couvent de Novacella est un harmonieux ensemble de style baroque bavarois.

En remontant la Rienza, les douces ondulations et les pâturages acides de la large vallée de la Pusteria reposent des impressionnantes montagnes décharnées. Des vals plus étroits, parsemés d'aimables villages, accueillent l'amateur de montagne dans une ambiance authentiquement pastorale. Le mélange des influences italienne et germanique forme l'originalité de ces modestes bourgades. Le val de Braies conduit, à 1 500 m d'altitude, au lac de Braies, miroir d'émeraude aux milliers de truites, resserré entre de majestueuses forêts de sapins et le bastion formidable du Croda di Becco.

Partie orientale des Dolomites, le Cadore comprend le haut bassin du Piave et ses affluents. Entre les grands pics dolomitiques qui s'éloignent au fond de l'horizon et le creux des vallées où s'égaillent les hameaux, prairies et forêts tapissent des reliefs adoucis. On retrouve dans les toiles de Titien, natif de Pieve di Cadore, ces paysages où la rudesse et la douceur se mêlent dans un camaïeu de verts. Les eaux bleues du petit lac de Misurina, fragile sous les cimes aiguës du Lavaredo, accueillent en été les barques des promeneurs et des pêcheurs. Gelées en hiver, elles furent utilisées, en 1956, pour la course olympique de patinage de vitesse. Ces olympiades se déroulèrent principalement à Cortina d'Ampezzo, qu'elles consacrèrent : l'aimable combe d'Ampezzo et le vieux village où se maintiennent les traditions folkloriques ajoutent à l'attrait de la station ultra-moderne, célèbre pour ses fameuses pistes de ski et de « bob », et pour son stade de glace.

Un millier de remontées mécaniques, plus de 1 000 km de pistes bien entretenues, des dizaines de refuges jalonnant les itinéraires de haute montagne, des pistes balisées pour randonnée et escalade : dans leur sauvage beauté, les Dolomites offrent aux amoureux de la montagne tous les plaisirs de l'altitude, de la neige et du rocher, des paisibles promenades aux plus folles ascensions ■ Monique FAURÉ

▲
Les pentes verdoyantes du massif de Brenta, dans le Trentin, attirent en hiver la foule bigarrée des skieurs.
Phot. Rousseau-Top

la Vénétie

Au nord-est de l'Italie, de la frontière autrichienne au delta du Pô et du lac de Garde à Trieste, la Vénétie — ou plutôt les deux Vénéties qui constituent maintenant des régions administratives distinctes — forme une sorte de microcosme qui offre toute la gamme des paysages italiens.

À l'est, la Vénétie Julienne — aujourd'hui Frioul-Vénétie Julienne — est une contrée couverte de vignobles et de vergers, où l'on élève le ver à soie; Udine, sa capitale, est dominée par un château Renaissance, et Trieste, au bord de son golfe, est le port le plus important de l'Adriatique.

Au sud-ouest, la Vénétie proprement dite, dont le véritable nom est Vénétie Euganéenne, ou Veneto, déploie des plaines basses, arrosées par la Brenta et l'Adige et découpées en larges damiers par des digues, des canaux, des rangées de peupliers dont les perspectives se perdent dans la brume. Région aux nobles fermes peintes à l'ocre rouge, mais aussi aux villas somptueuses, édifiées par les plus grands architectes de la Renaissance. Pays du vin et du blé, où des centres agricoles et industriels comme Vicence, Vérone, Trévise et Padoue connaissent par ailleurs une notoriété mondiale, grâce à leurs artistes. Une côte plate, séparée de l'Adriatique par des cordons lagunaires, les *lidi*, abrite des stations balnéaires, telles Lido di Sottomarina et Lido di Iesolo, Chioggia, qui est le premier port de pêche d'Italie, et, surtout, la reine de l'Adriatique, la ville la plus visitée du monde : Venise.

▲
À l'entrée du Grand Canal, devant l'énorme église baroque Santa Maria della Salute, la flottille des gondoles vénitiennes, amarrée à une forêt de palli.
Phot. C. Lenars

Les dix siècles qui ont fait Venise

Attila devrait avoir sa statue à Venise : c'est pour échapper à ses hordes que, au Ve siècle de notre ère, la tribu des Vénètes abandonne le

Tout autour de la ville des doges, la lagune déploie des eaux sans profondeur, obstacle infranchissable pour les navires ennemis.
Phot. Guillot-Top
▼

littoral et se réfugie sur les îles de la lagune, notamment sur Torcello et sur l'étroite bande de terre qui constitue aujourd'hui le Lido. Le premier doge (le mot dérive du *dux* latin) est élu à la fin du VIIe siècle, mais c'est seulement au IXe siècle que la population s'installe à l'emplacement de la Venise actuelle, créant de toutes pièces la seule ville importante d'Italie dont l'origine ne remonte pas à l'Empire romain. Aujourd'hui, la ville occupe 118 îles, séparées par 177 canaux et reliées entre elles par quelque 400 ponts.

Le secret de la puissance de la métropole des Vénètes, que l'on appela tour à tour la « Sérénissime République », la « perle de l'Italie », la « reine de l'Adriatique » ou, comme Goethe, la « république des Castors », tient en deux mots : la marine et la banque. Dans un premier temps, les galères de Torcello, qui travaillent pour l'empereur d'Orient, assurent l'importation en Europe des marchandises orientales. Mais sa prospérité est bientôt telle que Venise peut se permettre de mener une politique indépendante. Au XIIe siècle, lorsque les combats entre guelfes, partisans des papes, et gibelins, partisans des empereurs germaniques, commencent à déchirer l'Italie, elle choisit le parti du pape qui, en récompense, autorise le doge à porter l'anneau symbolisant ses épousailles avec la mer. En 1204, se retournant contre son protecteur byzantin, le doge Dandolo incite les croisés à conquérir Constantinople plutôt que Jérusalem : la puissance maritime vénitienne n'a désormais plus de rivaux à l'est. Il lui reste un obstacle à vaincre en Méditerranée occidentale : Gênes. La lutte dure plus d'un siècle, mais Venise finit par l'emporter en 1380.

Entre-temps, la République a mis au point les premiers instruments de travail de l'économie moderne : la comptabilité à partie double, la bourse des matières premières et, surtout, la lettre de change, qui vaut son pesant d'or et évite les transports de métal précieux que guettent les pirates barbaresques.

Sur le plan politique, les Vénitiens font preuve d'inventions tout aussi originales : élu à vie par les patriciens qui composent l'assemblée aristocratique du Grand Conseil, le doge, qui dispose en principe du pouvoir exécutif, est étroitement contrôlé par le Petit Conseil, la Quarantia, le Sénat et le Conseil des Dix, redoutable organe de police. Ces institutions d'aspect démocratique sont, en fait, si compliquées qu'elles peuvent donner lieu à toutes les manipulations : d'où les méandres d'une politique basée sur l'intrigue et le secret, qui fascine les contemporains autant qu'elle les épouvante.

Du XIIIe au XVe siècle, c'est l'apogée : Marco Polo explore la Chine; Venise règne en maîtresse à Padoue, à Vicence et à Vérone; et les meilleurs architectes du temps achèvent d'édifier, sur les rives du Grand Canal, les plus somptueux palais d'Europe.

Deux événements majeurs vont amorcer le déclin économique : la prise de Constantinople par les Turcs et la découverte de la route des Indes par le cap de Bonne-Espérance. Une bonne part du trafic mondial se détourne des comptoirs vénitiens, désormais directement menacés par l'impérialisme musulman. Venise se replie sur elle-même, mais à sa manière : à l'ère des marchands succède celle des mécènes, aux voluptés de la guerre et de la finance celles de la fête et de la joie de vivre. En 1571, le doge arrête encore les Turcs à la bataille de Lépante, mais ce n'est que le chant du cygne : en 1797, Bonaparte met fin à une indépendance millénaire en livrant Venise à l'Autriche par le traité de Campoformio. En 1866, elle rentre dans le giron de l'Italie unifiée.

Aujourd'hui, Venise doit affronter deux ennemis infiniment plus redoutables que les Turcs et les Autrichiens : la mer et la pollution. Inexorablement, année après année, les pilotis sur lesquels la majeure partie de la ville est construite s'enfoncent dans la lagune. D'autre part, les faubourgs de Mestre et de Marghera, où s'est créé un très important complexe industriel basé sur les hydrocarbures, déversent sur la ville des fumées sulfureuses qui rongent

Histoire
Quelques repères

Venise
Ve siècle après Jésus-Christ : fondation par les Vénètes.
1797 : rattachement à l'Autriche par le traité de Campoformio.
1866 : fusion avec le royaume d'Italie.
1972 : adhésion de l'Italie au plan international de l'U. N. E. S. C. O. pour sauver la ville.
Padoue
1195-1231 : saint Antoine.
Vicence
1545-1580 : Andrea Palladio, né à Padoue en 1508, couvre la ville de palais.
Trieste
1954 : retour à l'Italie.

▲
Principale artère de Venise, bordée de somptueuses demeures, le Grand Canal prend fin devant l'église Santa Maria della Salute, élevée au XVIIe siècle pour célébrer la fin d'une terrible épidémie de peste.
Phot. Ross-Rapho

◄
Sur la rive droite du Grand Canal, précédée d'un portique sous lequel accostaient les gondoles, la Ca' d'Oro, dédorée par le temps, est l'un des plus beaux palais gothiques de Venise.
Phot. J. Bottin

les marbres et décolorent les fresques. L'Unesco a lancé une campagne mondiale pour la sauvegarde de la cité, mais, en dernier ressort, la décision incombe au gouvernement italien. Or, les mesures à prendre et les crédits à réunir sont d'une importance telle que les amoureux de Venise se demandent s'il n'est pas déjà trop tard et si notre génération n'assistera pas à la perte irrémédiable de l'un des plus précieux trésors de l'humanité.

▶
Jadis en bois, reconstruit en pierre au XVIe siècle et chargé d'une double rangée de boutiques, le pittoresque pont du Rialto enjambe le Grand Canal de Venise, dans sa partie la plus étroite.
Phot. Rousseau-Top

Un mirage sur la mer

Que l'on arrive à Venise par la terre, en empruntant le pont de la Liberté qui relie la ville au continent, par avion, en se posant sur l'aérodrome du Lido, ou par bateau, en venant de Grèce ou de Yougoslavie, c'est la même vision, un peu irréelle : les dômes orientaux ou baroques, les palais gothiques, les gondoles noires qui glissent sur les canaux composent un tableau auquel ont collaboré toutes les civilisations de la Méditerranée. Du IXe au XVe siècle, des lignées d'architectes et d'artistes isolés se succèdent pour édifier sur la lagune la cité idéale : après les Grecs, tout imprégnés d'Orient, qui construisent la basilique Saint-Marc, ce sont les Lombardi (Pietro Lombardo, ses fils Tullio et Antonio, son petit-fils Sante), sensibles au gothique arabe, qui, avec il Sansovino, Sanmicheli, Antonio da Ponte et bien d'autres, élèvent, à la gloire de l'aristocratie des marchands, les palais du Grand Canal.

Ces palais, il faut les orner. C'est l'affaire des peintres : comme les architectes, ils constituent des dynasties d'artistes. La plus célèbre est celle des Bellini, Jacopo, Gentile et Giovanni, qui eut pour élèves Giorgione et Titien et fut le grand rival de Carpaccio, que l'école surréaliste a remis au goût du jour. À cheval sur les XVe et XVIe siècles surgit le Tintoret, personnage d'une fougue, d'une abondance et d'une virtuosité telles qu'on pourrait le surnommer le « Victor Hugo de la peinture ». Et puis toute une cohorte de peintres mineurs qui, au même titre que les plus grands, témoignent de la vigueur de l'école vénitienne : Palma le Vieux, Lorenzo Lotto, Paris Bordone, Iacopo Bassano... Au XVIIIe siècle, les sujets « nobles » et religieux font place aux croquis pris sur le vif et à la description pleine de saveur des scènes de rue ou d'intérieur : les deux Canaletto, Pietro Longhi et Francesco Guardi inventent, en quelque sorte, la peinture bourgeoise.

Mais les deux peintres qui symbolisent peut-être le mieux le génie si particulier de Venise sont, au XVIe siècle, Véronèse, le maître coloriste transfuge de sa Vérone natale, et, au XVIIIe, le Vénitien Tiepolo, qui orne murs et plafonds des fresques pleines de luxe et de volupté qu'appelait la république des doges.

Des palais du Grand Canal à la place Saint-Marc

La meilleure manière d'aborder Venise consiste à prendre le *vaporetto* (bateau-mouche) qui suit le Grand Canal depuis la gare jusqu'à la place Saint-Marc. Sur 4 km, palais, églises et monuments se succèdent sans interruption. Parmi les édifices principaux (qui justifient tous une visite approfondie), on remarque d'abord l'église des Scalzi, dont la façade baroque est une des plus belles de Venise (à l'intérieur, fresques de Tiepolo) ; puis le palais Vendramin-Calergi, où mourut Richard Wagner et qui abrite aujourd'hui le casino d'hiver ; le palais Pesaro, chef-d'œuvre du baroque (à l'intérieur, galerie d'Art moderne et musée d'Art oriental, qui possèdent tous deux des collections de première importance) ; la Ca' d'Oro (Maison Dorée), chef-d'œuvre du gothique vénitien (à l'intérieur, galerie Franchetti : toiles de Titien,

◄
Reliant le palais des Doges aux sinistres prisons de Venise, cette élégante passerelle couverte est appelée « pont des Soupirs » parce que ceux qui la franchissaient « perdaient toute espérance ».
Phot. J. Bottin

▲
Coupoles byzantines, frontons gothiques, chevaux grecs en cuivre doré, la basilique Saint-Marc, constamment enrichie au cours des siècles, est le symbole de l'opulence vénitienne.
Phot. J. Verroust

Carpaccio, Mantegna, Van Dyck, le Tintoret et Giovanni Bellini) ; le célèbre pont du Rialto, construit au XVIe siècle par Antonio da Ponte et qui porte aujourd'hui deux rangées de boutiques ; les palais du XVIe siècle, Grimani (cour d'appel), Corner Spinelli et Balbi ; la Ca'Foscari (Institut supérieur de commerce) ; le palais Cini (centre international d'art) ; le palais

▶
Sur la place Saint-Marc, à côté de la basilique, se dresse le Campanile, copie fidèle de celui qui s'effondra en 1902, après six siècles d'existence.
Phot. S. Marmounier

Double page suivante :
Venise : un dallage à bandes blanches, la colonne de granite du Lion de Saint-Marc et la façade gothique du palais des Doges, avec son portique à fines arcades ajourées et sa galerie découpée comme de la dentelle, ornent la Piazzetta qui prolonge la place Saint-Marc jusqu'au quai.
Phot. Mayer-Magnum

Rezzonico et son musée du XVIIIe siècle (nombreuses œuvres de Longhi, de Guardi et de Tiepolo) ; le palais Corner, bâti par Sansovino, siège de la préfecture ; et enfin l'église Santa Maria della Salute, construite pour commémorer la fin de la grande peste de 1630 et qui contient une extraordinaire toile du Tintoret, les *Noces de Cana.*

On aborde alors la place Saint-Marc. D'un côté, le quai s'ouvre sur la vue la plus classique de Venise : celle de l'église San Giorgio Maggiore, à la pointe de l'île de San Giorgio. De l'autre, la Piazzetta, précédée de la colonne du Lion de Saint-Marc et de celle de Saint-Théodore, débouche sur la gigantesque esplanade rectangulaire de la place, bordée par les palais des Nouvelles et des Vieilles Procuraties, le café Florian cher à Henri de Régnier, la tour de l'Horloge avec ses géants de bronze qui frappent les heures, l'immense Campanile et, au fond, les coupoles de la basilique.

Construite au XIe siècle dans le style byzantin, la basilique Saint-Marc est une symphonie de marbres et de mosaïques d'une somptuosité telle qu'on a pu la surnommer « chiesa d'oro » (église d'or). Sur la façade, les quatre chevaux de cuivre doré, rapportés de Constantinople par le doge Dandolo, seraient des sculptures grecques du IVe av. J.-C. L'intérieur de l'église est une caverne des mille et une nuits, soutenue par quelque 500 colonnes et tapissée de 4 000 m^{2} de mosaïques. Derrière le maître-autel, la Pala d'Oro (Retable d'or) est, avec ses émaux et ses pierres précieuses, l'un des ouvrages d'orfèvrerie les plus achevés du Moyen Âge.

À côté de la basilique, le palais des Doges (palazzo Ducale), que le pont des Soupirs relie aux prisons de la République (les célèbres Plombs de Venise, dont réussit à s'évader l'illustre Casanova), est un immense édifice ogival, construit au XIIe siècle, agrandi et embelli pendant trois siècles, c'est-à-dire pendant toute la durée de l'apogée de Venise. On y pénètre par la porta della Carta, on y admire les escaliers monumentaux, les appartements du doge et la salle du Grand Conseil où s'étalent, dans toute leur splendeur, des toiles consacrées à la gloire de la ville : du Tintoret, *Venise reine des mers* et le *Paradis,* son chef-d'œuvre, l'un des plus grands tableaux du monde (25 m × 8 m) ; de Véronèse, le *Triomphe de Venise;* de Tiepolo, *Neptune offrant à Venise les dons de la mer.*

À l'autre extrémité de la place, le musée Correr présente deux autres aspects de la vie vénitienne : religion d'une part, volupté de l'autre. D'un côté, les toiles de G. Bellini, d'Antonello da Messina et de Van der Goes ; de l'autre, les inoubliables *Courtisanes* de Carpaccio et *Amour et Psyché* de Canova.

La bibliothèque nationale Marciana, avec son célèbre bréviaire Grimani de l'école flamande, et le Musée archéologique, consacré pour l'essentiel à la statuaire grecque, achèvent de faire de la place Saint-Marc une sorte de musée géant, dédié à vingt siècles d'histoire de l'art.

Se perdre à Venise

Reste à voir... tout le reste, qu'il faut une bonne semaine de conscienciease exploration pour épuiser. Deux solutions : suivre les promenades décrites dans tous les guides, qui découpent Venise en tranches pour être sûrs de ne rien oublier, ou bien partir de Saint-Marc à pied, à l'aventure, à travers les *calli* (rues), les *campi* (places), les ponts minuscules et les quais qui ne mènent nulle part. C'est un moyen infaillible de se perdre et d'oublier que l'on est perdu, tant l'enchantement est grand. Venise, c'est aussi des jardins secrets, une lumière aux caprices de fée, des boutiques qui sont de vraies cavernes d'Ali Baba, des familles assises dans la rue comme si celle-ci leur appartenait et qui, avec un sourire indulgent, vous remettront dans le droit chemin, celui de votre hôtel, qui ne sera d'ailleurs jamais tout à fait droit, parce que vous êtes à Venise...

À l'ouest de la place Saint-Marc, le théâtre Fenice sert de cadre à des concerts réputés. Au nord, on admire l'église Santa Maria dei Miracoli, avec sa voûte de bois ornée de têtes de saints et de prophètes, l'église Santi Giovanni e Paolo, où sont enterrés les doges de Venise, le palais Querini Stampalia, qui abrite les riches collections d'une grande famille patricienne, notamment plusieurs toiles intéressantes de G. Bellini et de P. Longhi.

Sur la rive droite du Grand Canal, l'Académie des beaux-arts est le seul endroit au monde où l'on puisse se faire une idée complète de l'école vénitienne qui, contrairement aux autres écoles de peinture italiennes, n'a pas été dispersée dans d'innombrables musées. Parmi les toiles les plus étonnantes, notons celles de la dynastie des Veneziano ; *les Martyrs du mont Ararat* et la *Légende de sainte Ursule* de Carpaccio ; *la Tempête* de Giorgione ; le *Saint Georges* de Mantegna et le *Saint Jérôme et un dévôt* de Piero Della Francesca.

Trois édifices sont consacrés à l'apothéose d'un peintre : l'église San Sebastiano, où Véronèse est enterré sous les admirables peintures que lui ont inspirées les amours d'Esther et d'Assuérus ; la scuola di San Rocco, entièrement vouée au génie du Tintoret : cinquante-six toiles immenses illustrent les scènes de l'Ancien et du Nouveau Testament avec une telle hardiesse qu'on a l'impression de découvrir une histoire inconnue ; tout à côté, l'église franciscaine Santa Maria Gloriosa dei Frari abrite le tombeau de Titien, entouré d'une *Assomption* et d'une *Madona di Ca'Pesaro* qui comptent parmi les œuvres maîtresses de l'artiste.

▲
Un des chevaux dorés que les Vénitiens rapportèrent de Constantinople pour orner la façade de la basilique Saint-Marc et la tour de l'Horloge, couronnée par les deux « Maures » de bronze qui frappent les heures depuis cinq siècles.
Phot. Barbey-Magnum

►
Au milieu de la façade donnant sur le Môle, un balcon ouvragé, qui permettait aux maîtres de Venise de se montrer à la foule, rompt la nudité de la partie haute du palais des Doges, seulement égayée par des briques roses et quelques grandes fenêtres ogivales.
Phot. Tesson-Vloo

Si vous aimez le Tintoret, allez voir l'église de la Madonna dell'Orto, où il est enterré au milieu de quelques-uns de ses chefs-d'œuvre. Si vous préférez Carpaccio, courez à la scuola di San Giorgio degli Schiavoni (école Saint-Georges des Esclavons), à laquelle il a donné de remarquables vies de saints. Et, si vous les appréciez tous les deux, visitez l'église San Giorgio Maggiore, où ils sont réunis en une sorte d'ultime et sublime confrontation.

La lagune et les villas

Il sera temps, ensuite, de prendre le *vaporetto* pour découvrir la lagune et ses îles. Murano, dont les verreries ont décoré tous les palais de l'univers et où l'on visite les ateliers de souffleurs, avant d'aller voir les mosaïques de la basilique des SS. Maria e Donato; Burano, petit village de pêcheurs où les dentellières travaillent au milieu des paniers de poissons; Torcello, qui s'enorgueillit d'un édifice digne de rivaliser avec les plus imposantes églises de Venise, la cathédrale Santa Maria, reconstruite en partie au XIe siècle et encore étroitement inspirée de la tradition byzantine.

Du côté du Lido, on retrouve le siècle, les mondanités, les voitures et le palais du festival international du cinéma, au bord d'une plage très à la mode. De là, on peut continuer vers le sud jusqu'au port de Chioggia, en passant par Malamocco, l'un des premiers points de la lagune où se fixèrent les tribus vénètes.

Une autre excursion, moins traditionnelle, mais tout aussi inoubliable, consiste à remonter le cours de la Brenta, depuis la lagune jusqu'à Padoue, pour découvrir les villas que les riches Vénitiens se firent bâtir sur la terre ferme, une fois le calme revenu. Ces villas, souvent nommées « palladiennes » parce que l'architecte Andrea Palladio (1508-1580) en construisit un grand nombre et continua à influencer tous ses successeurs jusqu'au XVIIIe siècle, se comptent en réalité par centaines sur tout le territoire de la Vénitie. Mais il suffit de parcourir les quelque 40 km qui séparent Venise de Padoue pour s'en faire une bonne idée, notamment à Malcontenta, avec la villa Foscari, élevée par Palladio; à Mira, avec le palais Foscarini, où vécut lord Byron; à Stra, avec la villa Pisani

▲
Chapeau de paille, maillot rayé et pantalon noir, les gondoliers, manœuvrant avec virtuosité leur longue rame, se faufilent dans les canaux étroits et souvent encombrés qui sillonnent Venise.
Phot. Édouard-Explorer

▲
La cour intérieure du palais des Doges, dominée par les coupoles de la basilique Saint-Marc : au fond, le portique Foscari et l'escalier des Géants, gardé par les statues colossales de Mars et de Neptune, personnification de la Guerre et de la Mer, les deux mamelles de Venise.
Phot. Rousseau-Top

▶
Venise : face à la Piazzetta, l'île San Giorgio porte, à ras de l'eau, un ancien couvent de bénédictins, devenu centre culturel, et l'église San Giorgio Maggiore, chef-d'œuvre de l'architecte Palladio.
Phot. Renaudeau-Top

(ou villa Nazionale), édifiée au XVIIIe siècle pour une famille qui en possédait, dit-on, une cinquantaine : avec sa fresque de Tiepolo, ses meubles, ses souvenirs napoléoniens, c'est une demeure véritablement royale.

Hors itinéraire, les plus belles villas sont la Négarine, près de Vérone, les villas Valmarana, La Rotonda, Da Schio et Lampertico, près de Vicence, et surtout l'extraordinaire villa Manin à Passariano, près d'Udine, où il semble que le dernier doge de la République ait voulu éblouir une dernière fois le monde avant de disparaître de la scène de l'histoire.

Padoue, la ville de saint Antoine

Dotée, depuis le XIIIe siècle, d'une université que fréquentèrent Dante, Pétrarque et le Tasse, Padoue doit surtout son renom aux prédications de saint Antoine et aux fresques que Giotto, dans la chapelle des Scrovegni, a consacrées à la vie du Christ et à celle de la Vierge. Celui que l'on considère comme le père de la peinture occidentale, parce qu'il fut le premier peintre à se dégager réellement de l'influence de Byzance, exécuta là, en deux ans, de 1304 à 1306, un ensemble qui compte parmi les plus importants de l'histoire artistique européenne.

Amateurs de peinture et pèlerins se retrouvent également à Padoue à la basilique Sant'Antonio, dont la construction commença en 1232, soit un an à peine après la mort du franciscain. Dans le chœur, bronzes de Donatello et fresque attribuée à Giotto, représentant saint Antoine. À côté de la basilique, la scuola di Sant'Antonio renferme des fresques de Titien qui, lui aussi, voulut apporter son hommage au saint patron de la ville.

Au museo civico, on retrouve Giovanni Bellini avec son *Portrait d'un sénateur*, Giorgione avec une *Léda* et une *Scène pastorale*, le Tintoret avec une *Cène* et une *Crucifixion*, et Véronèse avec une *Annonciation*.

Reste à flâner du côté de la piazza delle Erbe (place aux Herbes), du palazzo della Ragione, du baptistère roman du Duomo, de l'église des Eremitani qui conserve des fresques de Mantegna, et surtout de la piazza del Santo où, face à la basilique, se dresse la prodigieuse statue équestre de Donatello, effigie du guerrier par excellence, *le Gattamelata*, condottiere qui mit sa terrible force au service de Venise.

Aux environs immédiats de Padoue, Abano Terme et Montegrotto Terme sont des stations thermales réputées, où l'on soigne les rhumatismes par des bains de boue qu'appréciaient déjà les Romains.

Vicence, la ville de Palladio

Avec Vitruve et Bramante, Andrea Palladio est sans doute l'architecte dont les conceptions ont exercé la plus grande influence sur l'art de construire pendant la Renaissance et même au-delà. Ses chefs-d'œuvre se trouvent à Vicence, dont il a bâti la basilique de la piazza dei Signori, sur laquelle un lion de Saint-Marc rappelle la tutelle vénitienne.

Le long du corso Palladio s'aligne une succession de palais, édifiés soit par le maître, soit par l'un de ses disciples, qui composent un décor tout à fait digne de Venise. À l'extrémité du corso, près de la piazza Matteotti, se trouve la maison dite «de Palladio». On retrouve l'architecte au théâtre Olympique, avec lequel il acheva sa carrière en construisant un édifice en bois, étroitement inspiré de l'antique. Les magnifiques perspectives en trompe l'œil de la scène font de ce haut lieu l'écrin idéal pour un opéra de Pergolèse ou une tragédie classique.

Non loin de là, à Trévise, dont les rues pittoresques sont bordées de maisons à arcades, ornées de peintures, ce sont les traces d'un autre artiste, le peintre du XIVe siècle Tommaso da Modena, que l'on peut suivre pas à pas. On le découvre dans les fresques de l'église San Francesco, on le retrouve au Museo Civico avec une *Légende de sainte Ursule*, dans la salle du chapitre du couvent San Nicolo avec quarante portraits de dominicains. Il faut flâner dans le centre de la ville, sur l'une des places les plus typiques de la Vénétie, la piazza dei Signori, dont les palais révèlent bien du talent.

Vérone, la ville de Roméo et de Juliette

Située sur les rives de l'Adige, à l'ouest de la Vénétie, Vérone fait, en quelque sorte, pendant à Venise, à laquelle certains auteurs ne craignent pas de la comparer. Il faut reconnaître que c'est une ville fascinante, où tout concourt à faire rêver le visiteur. Les ombrelles des marchands de la piazza delle Erbe, la statue de Dante couverte de pigeons, l'Arena (arènes) — le plus grand amphithéâtre romain après le Colisée de Rome, où se donnent, en

▲ *Consacrée à saint Antoine, la basilique de Padoue fait la transition entre les styles roman et gothique. Les coupoles pseudo-byzantines lui ont été ajoutées par la suite.*
Phot. César-Rapho

▲ *Souvenirs de la famille Scaliger, qui régna sur Vérone durant cent vingt-sept ans, le Castelvecchio, son donjon et le ponte Scaligero dont les arches crénelées franchissent l'Adige.*
Phot. Spiegel-Rapho

▶ *Vérone : sur la piazza delle Erbe, les ombrelles des marchands des quatre-saisons se pressent au pied de la tour del Gardello, du palais baroque Maffei et de la colonne portant le Lion ailé de Saint-Marc, évoquant l'époque où Vérone était la sujette de Venise.*
Phot. G. Viollon

CASA DELLA LANA
BAR

été, d'admirables opéras —, les monuments rouges des quais de l'Adige, la maison de Juliette (ou palais des Capuletti), l'église où elle épousa Roméo, sa tombe où des milliers de couples romantiques viennent déposer de minuscules bouquets, tout cela compose un tableau qui n'a pas d'équivalent : à Vérone, grâce à Shakespeare, on ne sait plus très bien où s'arrête l'histoire et où commence la légende.

Parmi beaucoup d'autres, signalons trois œuvres d'art dont chacune suffirait à faire la gloire d'une métropole : d'abord l'église San Zeno Maggiore, chef-d'œuvre de l'art roman, dont les portes de bronze mériteraient d'être aussi célèbres que celles du baptistère de Florence (à l'intérieur, la *Vierge et huit saints*, superbe triptyque de Mantegna) ; ensuite, au cœur de la cité, les Arche Scaligere, tombeaux de la famille Scaliger, qui régna sur la ville pendant cinq générations : hérissés de statues, de pinacles et de clochetons, ils composent une sorte de monument barbare élevé au triomphe du pouvoir absolu ; enfin, au musée d'Art du Castelvecchio, le second couple étonnant de Vérone, celui que forment saint Georges et la princesse de Trébizonde délivrée du dragon. Au-dessus d'eux, Pisanello a placé des pendus vêtus de hauts-de-chausses cramoisis, qui semblent symboliser les horreurs de la guerre au milieu desquelles se déploie la fastueuse élégance des grands de ce monde.

Toujours au musée d'Art, œuvres des Bellini, de Mantegna, de Véronèse, du Tintoret et de Titien. Au Duomo, *Assomption* de Titien ; dans l'église San Fermo Maggiore, *Annonciation* de la jeunesse de Pisanello ; et à San Giorgio in

▲
Ce village des collines Euganéennes a pris le nom d'Arqua Petrarca en souvenir du poète Pétrarque qui y vécut et y mourut en 1374.
Phot. Bérenger-C. D. Tétrel

◄
Près de Trieste et de la frontière yougoslave, le promontoire du petit port de Duino, coiffé des ruines du Castelvecchio, domine les flots bleus de l'Adriatique.
Phot. P. Tétrel

Braida, *Martyre de saint Georges* de Véronèse. À côté du théâtre romain, le Musée archéologique abrite des statues et des objets de l'époque romaine.

Les deux pôles du golfe de Venise

Pour voir la Vénétie sous ses aspects les plus divers, il est intéressant de parcourir les quelque 180 km qui séparent Venise de Trieste en passant par les stations balnéaires enfouies dans la pinède : Lido di Iesolo, Pineta et Lignano Sabbiadoro. On atteint ainsi Aquilée, petite ville paisible dont il est difficile d'imaginer, aujourd'hui, qu'elle compta parmi les cités les plus importantes de l'Empire romain. Mise à sac par Attila en 452, elle ressuscita au Moyen Âge sous l'égide de puissants évêques, qui portèrent le titre de patriarches. Sa basilique romane renferme un pavement de magnifiques mosaïques et une copie du Saint-Sépulcre de Jérusalem.

Un peu plus loin, Grado fut la *Nova Aquileia* fondée par les survivants de l'attaque d'Aquilée par Attila : bâtie sur une île pour des raisons de sécurité évidentes, elle se consacre à la pêche et aux séjours balnéaires, et a conservé de l'époque de sa fondation un joli petit baptistère octogonal.

Par Monfalcone, aux importants chantiers navals, et le château de Miramare, construit dans un beau parc par l'archiduc Maximilien d'Autriche, on atteint Trieste, chef-lieu, depuis 1963, de la nouvelle région administrative Frioul-Vénétie Julienne, au terme d'une histoire particulièrement agitée.

Soumise par les Vénitiens en 1202, Trieste, qui n'a cessé de lutter contre leur hégémonie, se place, en 1382, sous la protection de l'Autriche, mais celle-ci finit, à son tour, par l'annexer. Dotée d'un statut de port franc, Trieste devient, au XVIIIe siècle, le principal débouché maritime de l'Empire austro-hongrois, et c'est seulement à l'issue de la Première Guerre mondiale que, satisfaisant enfin aux désirs des tenants de l'irrédentisme, elle réintègre la patrie italienne. Occupée en 1943 par les Allemands et en 1945 par les troupes de Tito, elle reste, jusqu'en 1954, divisée en deux zones, administrées l'une par les Anglo-Américains, l'autre par les Yougoslaves. Aujourd'hui, une partie de son ancien territoire est définitivement annexée par la Yougoslavie, et le port et la ville sont redevenus italiens tout en conservant leur statut de port franc.

Les principales curiosités de Trieste se trouvent dans la ville haute : mosaïques des XIIe et XIIIe siècles de la cathédrale San Giusto et théâtre de plein air du château vénitien. Les voyageurs qui s'intéressent aux choses de la mer visiteront avec plaisir l'aquarium et le musée maritime, qui possède une abondante documentation sur l'Adriatique, tant en ce qui concerne la pêche que la navigation.

À l'autre extrémité du golfe, au sud de Venise, la plaine et le delta du Pô, prince des fleuves italiens, forment la province de Polésine, une sorte de Camargue à l'italienne, rattachée administrativement au Veneto. À partir de Rovigo (belle *Madone* de G. Bellini à la pinacothèque), on s'enfonce dans ce pays des eaux, inoubliable décor du film *Riz amer.* Chères à Hemingway, les « vallées » de chasse et de pêche de la Polésine s'étendent au long des dunes qui bordent l'Adriatique. C'est une immense *palude,* avec des « portes » que l'on ouvre ou que l'on ferme suivant les marées. Pays des plantes aquatiques, des roseaux, des rizières et des oiseaux migrateurs que les chasseurs guettent en se dissimulant dans une barrique qui dérive sur les eaux paresseuses.

l'Émilie-Romagne

Sur la rive droite du Pô, l'Émilie doit son nom à la *via Aemilia* qui, commencée en 187 av. J.-C., fut, pendant deux mille ans, la principale voie de communication entre la mer et la Lombardie, au pied de la chaîne de l'Apennin. Le terme de Romagne, qui désigne la partie orientale de la région, vient de l'appellation *romana,* attribuée au territoire conservé par l'Empire après les invasions lombardes. Le double nom a été adopté par le Parlement italien en 1948.

Considérée comme l'un des « greniers » de l'Italie, l'Émilie-Romagne cultive intensivement le blé et le maïs, mais aussi la vigne, les arbres fruitiers et le chanvre. Quant à l'industrie, elle est principalement axée sur l'automobile, l'ameublement, la verrerie et la chaussure. À proximité de Ferrare et de Ravenne, une puissante industrie chimique s'est implantée depuis la découverte de pétrole et de gaz naturel à Cortemaggiore. Quant à la céramique, qui s'est surtout développée dans le district de Sassuolo, elle compte pour une part importante dans les activités de la région.

Histoire
Quelques repères

187 av. J.-C. : construction de la via Aemilia *qui traverse l'Italie du Nord en diagonale, de Plaisance à Rimini.*
540 : Bélisaire reprend Ravenne aux rois goths.
XIVe-XVIe siècles : les ducs d'Este font de Ferrare une des capitales de la Renaissance.
1944 : Bologne est gravement endommagée par les bombardements.

Les tours de Bologne

Située au pied de l'Apennin, entre les rivières Reno et Savena, Bologne, capitale de l'Émilie-Romagne, est un très important carrefour routier et ferroviaire entre le centre, le sud et le nord de l'Italie. Célèbre dans toute l'Europe, dès le Moyen Âge, pour son université, une des plus anciennes de la péninsule, Bologne fut, pendant des siècles, divisée entre les partisans du pape (guelfes) et ceux de l'empereur germanique (gibelins). Ayant repoussé les assauts de Frédéric Barberousse, elle fut annexée aux États de Jules II jusqu'en 1797. Devenue française, elle fut restituée au pape en 1815, mais revint au Piémont en 1860.

L'école de Bologne est mondialement célèbre grâce aux peintres Ludovic, Augustin et Annibal Carrache, au Dominiquin, à Guido Reni, à l'Albane et à Lanfranc. Ce qui, au départ, n'était qu'une école provinciale influença durablement l'art européen par le biais du cardinal Farnèse : ce prélat éclairé fit venir à Rome l'ensemble de ces artistes et leur fit décorer son

▲
Au cœur de Bologne, les hautes silhouettes curieusement inclinées des Torri Pendenti, seuls survivants des multiples donjons dont les seigneurs querelleurs hérissèrent la ville au XIIe siècle.
Phot. Rousseau-Top

palais (1595). Le baroque italien, tout imprégné de l'esprit de la Contre-Réforme, connut alors son plein épanouissement.

Patrie de Guglielmo Marconi, l'un des inventeurs de la T. S. F., Bologne, qui compte en 1986 environ 437 000 habitants, est, avec ses arcades, ses tours médiévales (souvenirs de la rivalité entre guelfes et gibelins) et ses restaurants gastronomiques, une cité aimable et prospère, qu'un Français pourrait surnommer le « Lyon de l'Italie ».

Le centre de la ville est occupé par deux places contiguës, la piazza Maggiore et la piazza del Nettuno, autour desquelles se déploie tout un ensemble de monuments : l'immense basilique San Petronio, le palazzo del Podesta, le palazzo del Re Enzo, où le roi Enzo de Sardaigne, fils de Frédéric II, fut enfermé pendant plus de vingt ans, et le palazzo Comunale, où l'on retrouve avec surprise les nymphes que Jean Goujon sculpta pour la fontaine des Innocents, à Paris. Au centre de la piazza del Nettuno, la fontaine de Neptune, de Jean de Bologne (Giambologna), dresse un superbe géant armé de son trident.

À l'est de la ville, la piazza di Porta Ravegnana est dominée par deux originales tours penchées. La première, la torre degli Asinelli, est haute de près de 100 m, tandis que sa rivale — inachevée — n'en atteint pas 50.

Au sud-est, San Stefano est le nom donné à un groupe de trois églises romanes des XIe et XIIe siècles, construites sur les ruines d'un temple païen. Un ensemble qui, pour se trouver en pleine ville, n'en est que plus évocateur, avec ses cloîtres silencieux, sa copie du Saint-Sépulcre, les tombeaux de saint Vital et de saint Agricol, et le bassin de marbre qui passe pour symboliser la cuvette dans laquelle Ponce-Pilate se lava les mains.

À la Pinacothèque nationale, on s'attarde surtout devant les peintres de l'école bolognaise, la célèbre *Extase de sainte Cécile* de Raphaël et le *Saint Guillaume d'Aquitaine* du Guerchin. Et, au hasard des rues, parmi les innombrables palais de Bologne, on admire principalement le palazzo Bevilacqua, dont les architectes toscans, qui l'édifièrent au XVe siècle dans le style de la Renaissance florentine, surent faire le plus beau de la ville.

Les mosaïques de Ravenne

Dans l'histoire de l'Italie, Ravenne constitue une exception. Capitale de l'Empire romain d'Occident lorsque, au Ve siècle, Honorius s'y réfugie pour lutter contre les Goths, elle reste, après la chute de l'Empire, celle des rois barbares Odoacre et Théodoric. Reprise en 540

▲
Ravenne : précieux témoignage de l'art chrétien primitif, la basilique Sant'Apollinare in Classe date du VIe siècle, et les mosaïques qui entourent le chœur surélevé sont de la même époque.
Phot. Scala

▶
Ravenne : le mausolée de Galla Placidia, faiblement éclairé par des vitraux d'albâtre, est orné de magnifiques mosaïques byzantines sur lesquelles quinze siècles ont passé sans en altérer la fraîcheur.
Phot. Scala

par Bélisaire, général de l'empereur d'Orient Justinien, elle connaît son apogée du VIe au VIIIe siècle. Alors que le pays tout entier est en proie à des troubles majeurs, Ravenne est une oasis de paix et de raffinement. Aujourd'hui, mieux encore que Constantinople-Istanbul, elle témoigne de la civilisation byzantine. Une civilisation qui, après avoir hérité des traditions de la Rome antique, rapporta dans sa patrie d'origine un art révolutionnaire, mêlant les apports de l'Orient à ceux de la chrétienté.

La basilique San Vitale, consacrée au VIe siècle par l'archevêque Maximien, renferme l'un des plus beaux ensembles de mosaïques qui soient au monde : les portraits de l'empereur Justinien et de l'impératrice Théodora, entourés de leur clergé et de leur cour, accompagnent ceux des prophètes et des Apôtres dans une lumière de Pentecôte.

Au fond du jardin de San Vitale, le mausolée de Galla Placidia, sœur d'Honorius, abrite les plus anciennes mosaïques de Ravenne (440) : c'est une symphonie d'or sur fond bleu, éclairée par des vitraux d'albâtre. Le motif, cher à Byzance, du *Bon Pasteur et ses brebis* baigne dans une clarté qui semble issue d'une caverne.

Encore un ensemble de mosaïques somptueuses à Sant'Apollinare Nuovo. Elles sont consacrées à la vie de Jésus, aux scènes de la Passion et aux cohortes des saints et des prophètes. Les tableaux qui représentent Ravenne et la ville romaine de Classis, aujourd'hui disparue, telles qu'elles étaient au VIe siècle sont justement célèbres.

Au sud de la ville, la basilique isolée de Sant'Apollinare in Classe est le seul vestige d'une ville romaine détruite par les Goths au VIIIe siècle. Ici, les mosaïques montrent le Christ entouré de ses brebis, les prophètes Moïse et Élie, les sacrifices de l'Ancien Testament et la vie de saint Apollinaire d'une façon si vivante que l'on pourrait croire que l'événement date de la veille et que l'artiste y a personnellement assisté.

▲
Parme : indépendant de la cathédrale, selon la coutume italienne, le baptistère polygonal est un édifice roman, décoré intérieurement de fresques exécutées à l'époque gothique.
Phot. Scala

Les étranges personnages de Ferrare

Au nord de la région, à quelques kilomètres du Pô, Ferrare, fief des ducs d'Este qui furent parmi les principaux mécènes du pays, comblera les amateurs d'insolite. C'est la ville de Lucrèce Borgia, de l'Arioste et du Tasse, celle aussi de Renée de France, fille de Louis XII, qui, en pleine Renaissance italienne, s'obstinait à être huguenote et recevait Calvin et Clément Marot. Ville de femmes fortes et de grands poètes, mais aussi de deux peintres étranges et foncièrement originaux, Francesco Del Cossa et Cosimo Tura, que l'on prend plaisir à découvrir au hasard de la promenade.

Celle-ci commence devant le castello Estense, palais des ducs d'Este, l'une des plus impressionnantes forteresses médiévales de l'Italie. Dans ses cachots furent emprisonnés, avant d'être décapités en punition de leurs amours coupables, la belle Parisina Malatesta et son beau-fils Ugo. Les appartements ducaux, décorés de fresques, sont somptueux.

Au musée de la cathédrale et au palazzo Schifanoia, ancienne « maison des Délices » des ducs d'Este, aujourd'hui transformée en museo civico, on découvre la rudesse du *Saint Georges* de Cosimo Tura et les fresques des *Mois* de Francesco Del Cossa, avec leurs oiseaux symboliques, leurs hommes aux jambes torses, leurs personnages aux poses à la fois raides et abandonnées, et un *Triomphe de la luxure* plein de femmes dures comme des statues de sel. Tout à côté, le palazzo di Ludovico il Moro, magnifique demeure Renaissance, abrite le musée Spina et sa collection de céramiques antiques, une des plus importantes d'Europe. Parmi des milliers de pièces se trouvent quelques vases grecs aussi parfaits que ceux du Musée national d'Athènes.

▲
Ferrare : avec ses douves, ses quatre tours d'angle et ses mâchicoulis, le castello Estense, ancienne résidence des ducs d'Este, reste une forteresse médiévale, bien que ses créneaux aient été remplacés par des balustrades de marbre.
Phot. Spiegel-Rapho

Au palazzo dei Diamanti, dont le nom vient de la taille en diamant des marbres de la façade, la pinacothèque possède une *Mort de la Vierge* de Carpaccio, *Capture et Martyre de saint Maurelius* de Cosimo Tura, et un *Saint Jean* de Francesco Del Cossa. Ces toiles semblent rivaliser de mystère. Les charmes et l'élégance de la vie de cour sont bien loin : c'est à une lutte avec l'ange du bizarre que l'on assiste dans les musées de Ferrare.

Plaisance, Parme et Reggio nell'Emilia

Échelonnées le long de la *via Aemilia,* trois villes moyennes, constituant autant de centres agricoles et industriels, recèlent — comme presque toutes les cités italiennes — quelques monuments du plus haut intérêt.

À Plaisance, le palais communal, dit « Il Gotico », est, comme son surnom l'indique, un superbe édifice gothique, fait de marbre blanc et de briques rouges. Deux statues équestres des ducs Alexandre et Ranuccio Farnèse — la dynastie qui, durant deux siècles, régna sur la

ville — montent la garde. Au Duomo, fresques du Guerchin et de Ludovic Carrache.

Parme, chère au cœur des Français depuis que Stendhal leur a fait découvrir sa chartreuse (elle est située en dehors de la ville et n'offre plus grand intérêt), est la patrie du Corrège et du Parmesan. Paganini y est enterré, Verdi y a fait ses débuts et Toscanini y est né. Mais le grand homme de Parme est un artiste infiniment moins connu, Benedetto Antelami (v. 1150-v. 1230), le plus puissant architecte et sculpteur de l'art roman italien. Sa *Descente de croix* du Duomo et surtout ses portails du baptistère, peuplés de nombreux animaux, sont des sommets de l'art religieux et animalier du XIIe siècle. Au Duomo également, mais aussi à l'église San Giovanni Evangelista et au couvent de bénédictines dit « Camera di San Paolo », très belles fresques du Corrège, que l'on retrouve à la pinacothèque avec, entre autres toiles, une *Vierge avec l'Enfant et saint Jérôme* qui est son chef-d'œuvre. Dans les autres salles, quelques œuvres de premier plan de Bernardo Daddi, le Parmesan, Léonard de Vinci et Hans Holbein.

Patrie de l'Arioste, Reggio nell'Emilia s'enorgueillit d'un théâtre municipal du XIXe siècle que l'on considère comme l'un des plus réussis d'Italie, et de son museo civico où l'on peut admirer la célèbre *Vénus de Chiozza*, vieille de douze mille ans. À la galerie Parmeggiani, *Christ* du Greco et triptyque de Van Eyck. En l'église de la Madona della Ghiara, suite de fresques de l'école bolognaise.

De Modène à l'Adriatique

En continuant à descendre la *via Aemilia* en direction de la mer, on atteint Modène, dont le Duomo, dominé par son campanile penché, la torre Ghirlandina, atteste, au même titre que le baptistère de Parme, l'extraordinaire vigueur de l'art roman italien. Les bas-reliefs de Wiligelmo, la porte Royale d'Anselmo da Campione et surtout le jubé du même sculpteur font partie des trésors méconnus qui valent bien des œuvres célèbres. À la galerie Estense, œuvres de Giovanni di Paolo, le Greco, Cosimo Tura, Iacopo Bassano, le Tintoret et le Corrège.

▲
Plaisance : derrière les deux statues équestres auxquelles la piazza dei Cavalli doit son nom, l'ancien palazzo del Comune, dit « Il Gotico », marie le marbre blanc et la brique rouge sous une corniche crénelée.
Phot. Rousseau-Top

Après avoir traversé Bologne et Forli, la ville la plus importante de la Romagne (campanile roman de l'église San Mercuriale et fonts baptismaux du Duomo), on rejoint l'Adriatique à Rimini, dont l'immense plage de sable attire, chaque été, la grande foule des baigneurs. Mais, même dans une station balnéaire, l'histoire conserve ses droits, ainsi qu'en témoignent d'abord deux monuments romains, le ponte di Tiberio (pont de Tibère) et l'arc d'Auguste, ensuite les palais des Malatesta, la dynastie qui fascina Dante et Montherlant. Au castello Malatestiano s'attache le souvenir des tragiques amours de Francesca et de son beau-frère Paolo, et de la terrible vengeance de Giovanni Malatesta, le mari trompé, qui massacra les deux amants. Au tempio Malatestiano (Duomo), c'est, au contraire, un Sigismond Malatesta éploré qui élève un monument à la mémoire de son épouse Isotta et se fait représenter en prière devant son saint patron par Piero Della Francesca, qui nous donne ici l'une de ses plus belles fresques. C'est sur cette magnifique image de guerrier amoureux que nous refermerons l'inépuisable album de l'Émilie-Romagne ■ Jean-Erik LINNEMANN

la Toscane

Au cœur de la péninsule italienne, la Toscane couvre près de 23 000 km² (l'équivalent de trois départements français), qui représentent moins de 8 p. 100 du territoire national. Sur la carte d'Europe, une tache minuscule. Sur la carte culturelle du monde, les dimensions d'un continent.

Comme dans l'Athènes de Périclès, on dirait que les dieux, les hommes, la nature et l'histoire se sont ligués pour aboutir à ce qui ressemble de plus près à la perfection. Ici, comme à Athènes, la concentration des chefs-d'œuvre s'est faite au milieu de luttes civiles et de guerres étrangères incessantes.

Le décor où se sont implantées vingt villes, dont chacune ferait, sous d'autres cieux, figure de capitale, et près de trois cents communes, qui dissimulent autant de petites merveilles, est d'une exceptionnelle variété. Vision classique de la Toscane : une colline arrondie, un rang de vignes, un bouquet d'oliviers et, ponctuant un versant comme autant de points d'exclamation, quelques cyprès marquant la présence d'une source, d'une ferme aux murs dorés ou d'une exquise chapelle. Là-dessus, la lumière la plus douce du monde : quel poète résisterait à un petit matin de Toscane?

Et cependant, on trouve aussi dans la province de l'austérité, de la sévérité, de la rigueur. La dorsale de l'Apennin, les massifs côtiers des Alpes Apuanes, avec leurs hameaux pauvres cernés d'une terre ingrate, les maremmes de la côte, avec leurs marais insalubres et leurs lagunes hantées par les oiseaux de mer, dessinent une autre Toscane où le voyageur s'aventure peu. De quoi créer quelques parcs naturels, comme à l'embouchure de l'Ombrone et dans les « oasis » d'Orbetello ou de Bolgheri : des arbres gigantesques, une faune intacte de rapaces et de chèvres sauvages, un univers qui évoque davantage *le Désert des Tartares* que les délices du *Décaméron*. Les hommes, naturellement, se sont groupés ailleurs : dans le bassin de l'Arno, par exemple, avec son chapelet de villes précieuses (Arezzo, Florence, Pistoie, Lucques et Pise); ou au bord de la mer, à Livourne, seconde ville de Toscane et important centre industriel, entourée de plages ombragées de pinèdes (Marina di Carrara et Viareggio au nord, Castiglioncello et Punta Ala au sud).

Des stations d'altitude, comme Vallombrosa près de Florence, ou de sports d'hiver, comme

▲
Paysage toscan, sous un ciel d'orage : une ferme solitaire flanquée de quatre cyprès, une campagne doucement vallonnée...
Phot. D. Barrau

▶
Scène de rue à Sienne : une antique balance romaine sert encore à peser pastèques et melons d'eau.
Phot. Weiss-Rapho

Histoire
Quelques repères

Fin VIIIe s. av. J.-C. : installation des Étrusques, qui plantent les premiers vignobles dans la région du chianti.
59 av. J.-C. : Jules César fonde Florentia.
1138 : création de la Commune de Florence; pour limiter la puissance de l'aristocratie, bourgeois et marchands s'organisent en corporations qui contribuent au développement de la ville.
XIIe-XIIIe s. : essor de la richesse florentine, fondée sur l'industrie textile, le travail des artisans et le trafic de l'argent.
XIIIe s. : début de la longue querelle (plusieurs siècles) entre les cités toscanes, les unes partisanes du Saint Empire romain germanique, les autres attachées du pape.
Début XVe s. : naissance de la dynastie des Médicis.
1860 : rattachement à l'Italie, dont Florence sera la capitale de 1865 à 1870.

Abetone à la limite nord de la province; des stations thermales, comme Montecatini Terme, Chianciano Terme, Bagni di Lucca et Casciana Terme, achèvent d'ouvrir l'éventail des loisirs.

Florence
la magnifique

Florence compte aujourd'hui 430000 habitants sans ses faubourgs, et d'interminables boulevards modernes encerclent sa périphérie. La Florence «utile», cependant, est bien plus resserrée, et c'est à pied qu'il faut aller, d'une rive à l'autre de l'Arno, à la recherche des vingt-cinq églises, des vingt-cinq palais, des vingt musées «à voir absolument».

◄
Florence : la copie en marbre blanc du David *qui consacra la gloire naissante de Michel-Ange est l'une des nombreuses statues qui ornent la piazza della Signoria.*
Phot. B. Desjeux

▲
Florence : vue du jardin de Boboli, l'imposante coupole du Duomo est encadrée par deux tours gothiques : le campanile qui abrite les cloches de la cathédrale et le beffroi crénelé du palazzio Vecchio.
Phot. Cambazard-Explorer

Ce que l'on rencontre au cours de ces errances, ce ne sont pas d'abord les pierres, mais les ombres illustres de tous ceux qui, du XIIIe au XVe siècle, ont fait de Florence une ville unique au monde. Les énumérer ferait une litanie lassante. Mieux vaut aller, en arrivant, au rendez-vous de la piazza della Signoria pour affronter un feu d'artifice si éblouissant que l'on ne sait plus trop où donner du regard. Voici le *David* de Michel-Ange (une copie qui, parce qu'elle se trouve *in situ*, a davantage de présence, en fin de compte, que l'original de la galerie de l'Académie); le *Persée* dont Benvenuto Cellini raconte dans ses *Mémoires* la présentation mouvementée (pour réussir enfin la jambe gauche du héros, Cellini doit mêler au bronze toute son argenterie personnelle; ses ennemis, qui attendent l'apparition de la statue pour le huer, sont submergés par les acclamations du peuple, qui assiste à l'inauguration des chefs-d'œuvre avec la passion que mettaient les Romains aux luttes des gladiateurs); la tour du palazzo della Signoria, ou palazzo Vecchio, dont la silhouette est frappée au coin de tous les événements historiques de la vie florentine : c'est la demeure de Cosme Ier de Médicis, grand-duc de Toscane, l'un des derniers mécènes de la dynastie. La cour est de Michelozzo, les fresques sont de Ghirlandaio, de Bronzino, de Vasari. Au hasard des salles, on découvre le *Génie* de Michel-Ange, des bronzes de Jean de Bologne, des toiles de Botticelli et d'Andrea Del Sarto, des céramiques peintes d'Andrea Della Robbia, les portraits de Dante et de Pétrarque, le *Génie ailé tenant un dauphin* de Verrocchio, des toiles de Memling, de Rubens, du Tintoret, de Véronèse... Et, au fond de la place, la galerie des Offices, l'un des premiers musées du monde.

▲
Au cœur de Florence, la piazza del Duomo réunit un baptistère roman, une cathédrale gothique, que Brunelleschi couronna, sous la Renaissance, d'une énorme coupole, et un campanile, gothique lui aussi, élevé par Giotto au XIVe siècle.
Phot. P. Tétrel

Ce n'est pas tout : voici, au centre de la place, le disque de porphyre qui marque l'emplacement où Savonarole, assez mystique et assez passionné pour prétendre interdire aux Florentins l'usage de tous les luxes et de tous les raffinements de l'existence, fut publiquement brûlé; voici l'énorme fontaine de Neptune, d'Ammannati qui, au contraire de Cellini, ne trouva pas grâce devant le peuple (on riait : « Ammannati, quel beau marbre tu as gâché! »), et puis la statue équestre de Cosme Ier, par Jean de Bologne.

Si le Parthénon de Périclès exprime la sérénité attique, la piazza della Signoria traduit la nervosité, le goût du risque florentins. Elle représente l'arène idéale où il s'agit moins de tuer son ennemi que de l'écraser de son génie. Pour ce faire, il convient d'exceller en tout : l'artiste, parfois venu d'ailleurs, qui reçoit une commande de la Commune ou du Prince, n'est pas peintre ou sculpteur, ou architecte, ou poète, ou ingénieur, mais tout cela à la fois. Michel-Ange est un maître ès fortifications qui écrit des sonnets; Léonard de Vinci imagine l'hélicoptère et le sous-marin; Giotto abandonne ses pinceaux et ses fresques pour se faire architecte et construire le campanile du Duomo (cathédrale Santa Maria del Fiore); Vasari, qui les raconte tous, est à la fois peintre, architecte et écrivain. En commun, ils ont l'ambition de posséder l'ensemble des sciences et des arts, et surtout de plaire.

Les trois couleurs de Santa Maria del Fiore

Les versions florentines des styles roman et gothique ont un pouvoir de séduction aussi fort que Saint-Savin et Chartres, que les cathédrales allemandes ou britanniques. L'église San Miniato al Monte, construite du XIe au XIIIe siècle, répond, sur le plan architectural, à toutes les caractéristiques de l'art roman. Cette façade de marbre blanc et vert, ces mosaïques sur fond d'or, ce fronton surmonté d'un aigle expriment à la fois un souvenir des somptuosités de l'Orient et un avant-goût de l'élégance de la Renaissance. Ici, le sens religieux ne fait peur à personne. Le fidèle de San Miniato ne peut être qu'intimement persuadé que le paradis terrestre se trouve quelque part en Toscane et qu'il est juste et utile de pousser la beauté dans ses derniers retranchements.

Même sensation devant le Duomo. Son revêtement de marbre de trois couleurs — blanc de Carrare, rouge de Maremma, vert de Prato — donne à cette cathédrale gothique un air de fête tout à fait imprévu. Et la coupole de Brunelleschi, qui inspira Michel-Ange pour le

◄
Florence, piazza della Signoria : le sculpteur Ammannati maria le marbre et le bronze pour élever la fontaine de Neptune, qui, d'après la petite histoire, fut peu goûtée de ses contemporains.
Phot. J. Bottin

dôme de Saint-Pierre de Rome, semble, par sa perfection même, rendre pesantes et maladroites toutes les réussites antérieures.

Face au Duomo, le baptistère dédié à saint Jean-Baptiste, patron de Florence, a donné lieu, lui aussi, à un exceptionnel concours de génies. La porte sud, ciselée par Andrea Pisano, les portes nord et est, exécutées par Ghiberti, qui y consacra vingt-sept ans de sa vie (ses aides s'appellent Donatello, Paolo Uccello, Michelozzo, Benozzo Gozzoli), donnent accès à un autre univers de marbres polychromes, où trône la *Madeleine* de Donatello. Emportée par l'inondation de 1966, la statue a passé quelques mois dans les ateliers de restauration : en la nettoyant, on s'est aperçu que la vieille femme terrible qui semble porter sur ses épaules tous les péchés, toutes les misères du monde était couronnée d'une incomparable chevelure d'or : Madeleine, la Florentine, a dissimulé pendant deux siècles ce sourire, ce coup de joie. Mais il était là.

On peut aussi aborder Florence par les peintres. Aller voir, dans l'église du couvent franciscain Santa Croce, où sont enterrés Michel-Ange, Machiavel et Galilée, comment Giotto se dégage de la leçon de Byzance et invente la peinture européenne ; dans l'église Santa Maria Novella, chez les dominicains, où Boccace place la première rencontre des sept femmes et des trois jeunes gens du *Décaméron*, le réalisme sacré de Masaccio; et au couvent San Marco, toujours chez les dominicains, la série de cellules monacales minuscules dont chacune est décorée d'une fresque de Fra Angelico, le plus naïf, le plus gai, le plus tendre des moines-peintres. Il s'agit ici d'églises vivantes, avec leurs cloîtres qui s'enchevêtrent, l'hôpital, la bibliothèque, l'école, les salles de musique et le peuple qui vaque aux affaires de sa religion parce qu'il se sent, en ces lieux, parfaitement chez lui.

▲
Bordé par les boutiques des orfèvres qui contribuèrent à la richesse de Florence, le ponte Vecchio porte au-dessus de l'Arno le long couloir coudé qui relie la galerie des Offices au palais Pitti.
Phot. P. Tétrel

Aussi célèbre que « la Joconde » : « le Printemps » de Botticelli

À la galerie des Offices, la peinture, enfermée dans la succession de salles d'un musée classique, prend une autre dimension, puisque nous la considérons désormais hors de son contexte. Longues flâneries devant les Vierges primitives aux yeux de panthère, *le Printemps* de Botticelli, les portraits de Piero Della Francesca, les Raphaël, les Titien, les Caravage et les Dürer. Le plus beau tableau des Offices? Peut-être cette *Bataille de San Romano*, où Paolo Uccello a mis des chevaux rouges et verts, des chevaliers pétrifiés et des lances géantes qui percent le ciel noir.

La sculpture, ensuite. Aller poursuivre Michel-Ange entre les façades des palais encore équipés de leurs torchères, de leurs bornes pour cavaliers et de leurs gouttières en tige de palmier, comme si, vraiment, rien n'avait changé depuis qu'il travaillait ici. Passer du *Dieu du Fleuve* et de la *Vénus* de la casa Buonarroti aux *Captifs* de la galerie de l'Académie, qui se battent pour l'éternité contre le marbre, aux caveaux de la chapelle Médicis, où Julien et Laurent considèrent la Vierge, cependant que *le Jour* et *l'Aurore* entrecroisent leurs regards. Finir au musée national du Bargello (c'est le nom du capitaine de justice), devant le masque de Michel-Ange martelé par Daniele da Volterra : celui d'un gladiateur désespéré, qui n'a pas fini de déranger. Près de lui, le *David* de Verrocchio et celui de Donatello, les bustes de Cellini, les terres cuites des Della Robbia semblent presque trop plaisants.

Passer l'Arno sur le ponte Vecchio, dont les boutiques ont bien changé depuis que Dante y croisait Béatrice. Explorer les faubourgs si pleins de sève de San Spirito, sur la rive droite, avant que d'aller rêver au jardin de Boboli, tout creusé de grottes fantastiques. Il s'ouvre devant le palazzo Pitti, qui abrite l'essentiel des collections des Médicis : les Raphaël, les Andrea Del Sarto et les Titien sont en vedette parmi les trésors innombrables de la galerie Pitti et du musée de l'Argenterie, que complète la galerie d'Art moderne (peintures et sculptures du XIXe et du XXe siècle).

Aux environs immédiats de Florence, d'autres jardins cernent des « villas » si somptueuses que les étrangers qui les découvraient au XVe siècle se croyaient, en les voyant, parvenus au cœur des merveilles de la ville, alors qu'ils ne faisaient qu'aborder celle-ci. Chaque année, d'avril à fin juin, on peut visiter la villa de Berenson, celles de Monna Lisa et de Boccace. Jardins classiques ou baroques, pleins de cyprès, d'oliviers, de statues, de fontaines et de terrasses qui dominent l'Arno et l'énorme coupole du Duomo, que l'on aperçoit d'un peu partout. Même panorama sur la « fleur de l'Italie » si l'on monte à Fiesole, petit village aux secrètes ruelles, dont le Duomo, le théâtre romain, le musée Bardini et le couvent San Francesco ont l'air de jouets éparpillés dans la lumière de la campagne toscane.

◄
Caractéristique, avec son décor géométrique, du style roman florentin, San Miniato al Monte, qui domine Florence du haut de sa colline, est la plus ancienne église de Toscane.
Phot. Scala

▲
Lucques eut beaucoup de mal à se libérer de la tutelle de Pise, et sa cathédrale, avec sa façade à trois étages de colonnades, appartient au style roman pisan.
Phot. Everts-Rapho

Prato, Pistoie et Lucques

Situées en plaine, entre le bassin de l'Arno, la chaîne des Apennins et les Alpes Apuanes, trois villes moyennes, dont chacune a son grand œuvre. À Prato, ce sont, dans le Duomo, les fresques de Filippo Lippi, retraçant l'histoire de saint Jean-Baptiste : blonds et bouclés, les personnages pourraient sortir du roman de *l'Astrée,* et les supplices sont si gracieux qu'ils semblent se dérouler au pays du Tendre. Dans une chapelle, la Vierge peinte par Agnolo Gaddi remet sa ceinture à saint Thomas...

À Pistoia, le Duomo, le baptistère, le palais du Podestat et le palais Communal forment un de ces ensembles parfaits où l'on a l'impression d'avoir vue sur toute l'histoire d'un peuple. Le Duomo est d'une telle sérénité qu'il fait oublier sa splendeur. Au baptistère, dans les églises Sant'Andrea et San Giovanni Fuorcivitas, on commence à se familiariser avec le style des Pisano, qui triomphera à quelques kilomètres de là dans leur bonne ville de Pise. Et l'on retrouve à l'ospedale (hôpital) del Ceppo les médaillons de G. Della Robbia, qui savent si bien faire sourire les façades de Florence.

Lucques a conservé le plan du camp militaire romain qui fut à l'origine de sa création. Elle appartint pendant quelques années à Elisa Bonaparte, sœur de l'Empereur, qui y fit tracer en plein centre la piazza Napoleone et laissa le souvenir d'une administratrice avisée. Avec ses palais, ses ruelles pittoresques et ses dix églises, la patrie de Puccini a su échapper au siècle et conserver le parfum du temps passé.

Le Duomo, dédié à saint Martin, abrite une sculpture d'origine lombarde, représentant le don du manteau au mendiant, qui est d'une force étonnante. Un petit temple enferme le Volto Santo, crucifix miraculeux qui aurait été

sculpté par saint Nicodème et serait venu de Palestine à bord d'un bateau sans équipage, puis sur un char tiré par des taureaux sauvages. Ce crucifix n'est exposé que le vendredi saint et en septembre. Dans le transept gauche, un tombeau sublime : celui d'Ilaria del Carretto, sculpté par Jacopo Della Quercia. Il faut aussi voir à Lucques l'église Saint-Michel et les animaux romans de sa façade, bizarrement accompagnés des têtes de Garibaldi, de Cavour et de Napoléon III; l'église San Frediano, avec sa grande mosaïque byzantino-romane; et les remparts du XVIe siècle, qui entourent la ville et sont restés pratiquement intacts.

La place des Miracles de Pise

On croirait une miniature des *Très Riches Heures* du duc de Berry. Une immense pelouse d'un vert ardent sur laquelle le Duomo, la Tour penchée, le baptistère et le Camposanto dérivent comme de grands icebergs de marbre blanc. Impression complète d'irréalité : poussée à ce point, la perfection met presque mal à l'aise. La piazza del Duomo, ou piazza dei Miracoli (place des Miracles, jamais nom ne fut mieux choisi), est pâle comme un rêve de sculpteur.

Une des portes de bronze du Duomo, signée Bonanno Pisano, montre Adam et Ève et le massacre des Innocents dans un style incroyablement resserré, incroyablement lisible. À l'intérieur, la chaire de Giovanni Pisano chante les vertus de la dialectique, de la rhétorique, de la géométrie et de l'astronomie. En face, la Tour penchée, beaucoup trop célèbre — non parce qu'elle est belle, mais du fait d'une inclinaison dont on ignore toujours si elle fut voulue par B. Pisano — pour qu'on la décrive, permet d'embrasser d'un coup d'œil la mer, l'Arno et les Alpes Apuanes. Au baptistère, les apôtres romans, blottis contre les murs comme de gros chats, rêvent à l'éternité. Les fonts baptismaux et la chaire de Nicolas Pisano font de grandes taches sombres dans ce lieu dépouillé où règne le mysticisme.

Le Camposanto (cimetière) est une vaste enceinte quadrangulaire, un grand terrain de jeu pour les enfants terribles, avec ses sarcophages usés, blanchis, placés contre les murs, posés sur une terre venue, dit-on, de Palestine et capable de transformer en un jour un cadavre en squelette. Les fresques du *Triomphe de la Mort* et du *Jugement dernier*, d'un artiste inconnu du XIVe siècle, font appa-

▲
Décorée d'arcades et de colonnettes, l'abside du Duomo de Pise vue de la Tour penchée, dont l'inclinaison fit découvrir au Pisan Galilée les lois de la chute des corps.
Phot. Édouard-Studio des Gds-Augustins

raître la porteuse de faux au milieu des rires et des fêtes. On songe à la grande peste noire qui, au XIVe siècle, détruisit les deux tiers de la population de la province.

Au Musée national, les ébauches des Pisano ont autant de force que les *Captifs* de Michel-Ange à Florence. Ici, le sculpteur oublie les apparences, recherche l'essentiel, néglige même de dégager la statue des rugosités, des blessures, des imperfections de la pierre qui lui sert de mémoire. Musée de hautes silhouettes, de prophètes vêtus de leur ombre, de héros dressés tout droit, sans pose ni geste. La riante Toscane est absente.

On retrouve, au bord de l'Arno, la ville jonchée d'églises; celle de Santa Maria della Spina est un chef-d'œuvre du gothique pisan. Mais on la regarde à peine, tant l'on éprouve le besoin, après le choc de la place des Miracles, de renaître à la vie contemporaine, avec ses boutiques, ses cafés et ses gais embouteillages.

▲
Édifié au Moyen Âge, le Duomo roman de Pise fut encadré, un siècle plus tard, d'un vaste baptistère circulaire et de la fameuse Tour penchée, qui faisait à la fois fonction de campanile et de beffroi.
Phot. P. Tetrel

▶
Sur les versants ensoleillés des collines de Toscane, les oliviers se mêlent aux hautes vignes qui, la saison venue, porteront les lourdes grappes d'où ruisselle le chianti.
Phot. Cartier-Bresson-Magnum

Un littoral insolite

On peut aussi choisir de suivre la côte et, si l'on s'intéresse vraiment aux sculpteurs, commencer par la visite de Carrare, dont les carrières, exploitées depuis deux mille ans, fournissent encore les trois quarts du marbre italien. Michel-Ange y venait en personne surveiller l'extraction de ses blocs, après que ses ennemis eurent un peu trop souvent tenté de lui procurer un matériau défectueux. On passe par Viareggio, où toutes les élégantes de Toscane viennent parfaire leur bronzage, et par Livourne, que les Génois vendirent à Florence en 1421 pour cent mille florins d'or. Cosme Ier de Médicis ordonna, en 1571, la construction du port, qui sert surtout, aujourd'hui, au transit des céréales et du pétrole. Le principal monument de la ville est la Fortezza Vecchia (Vieille Forteresse) du XVIe siècle, construite par A. Sangallo le Jeune.

Après la station balnéaire de San Vicenzo, on atteint Piombino, d'où l'on peut s'embarquer pour l'île d'Elbe. Plus au sud, Grosseto, ville principale de la Maremme que les ducs de Lorraine sauvèrent de la malaria (en 1700, la population se réduisait à mille habitants) en assainissant ses tristes marais, possède une cathédrale gothique contenant une belle *Assomption* de Matteo di Giovanni.

On visite Talamone, pittoresque village de pêcheurs et ancien port étrusque, avant d'atteindre Orbetello, construite sur une langue de terre, entre deux lagunes. Le monte Argentario, dont la presqu'île se dresse au-dessus de la mer, est un de ces lieux secrets que découvriront ceux qui, ayant tout vu, voudront aussi connaître la Toscane des vieux pêcheurs philosophes qu'eût aimés Hemingway.

Sienne et le « Palio »

Ville carrefour en plein cœur de la Toscane, à mi-chemin de la mer et de Florence, de Livourne et d'Arezzo, Sienne dispose, avec sa piazza del Campo, considérée comme l'une des trois plus belles places du monde, d'un décor idéal pour une folle *commedia dell'arte :* onze rues débouchent sur une scène en forme de

▲
L'aspect caractéristique du campanile roman de Sienne provient moins de l'augmentation régulière, de bas en haut, du nombre de ses ouvertures que de l'alternance de ses bandes blanches et noires.
Phot. Édouard-Studio des Gds-Augustins

▲
Sienne, au-dessus de laquelle pointent la tour du Palais public et le clocher rayé de la cathédrale, est encore entourée des remparts qui la défendirent jadis contre les Florentins.
Phot. Desjardins-Top

▶
À Sienne, le jour de la fête du Palio, *les délégations des* contrade, *vêtues de costumes médiévaux, défilent sur la piazza del Campo avant de s'opposer dans une course hippique acharnée.*
Phot. Guillot-Top

coquille Saint-Jacques, dont le dénivellement incite aux glissades, aux poursuites et aux rencontres. Le Moyen Âge est là, avec sa verve et sa bonne humeur, dans cette ville haute en couleur qu'entourent trois collines d'argile rouge foncé, la « terre de Sienne ».

L'école siennoise de peinture compte parmi les plus importantes d'Italie. Au museo dell' Opera Metropolitana (musée de l'Œuvre du Duomo), il faut voir la *Maesta* de Duccio di Buoninsegna, qui compte parmi les œuvres les plus fortes d'une lignée de peintres plutôt connus pour leur suavité et leur sens de la géométrie expressive. Au Palais public, on découvre Simone Martini (la *Vierge au baldaquin* et l'extraordinaire portrait équestre de Guidoriccio da Fogliano, partant en guerre comme le ferait un roi de jeu de cartes) et Ambrogio Lorenzetti, dont les fresques sur les effets du bon et du mauvais gouvernement sont empreintes d'une délicieuse malice. Au Duomo, c'est au sol que se déploient quelque 3 000 m² de plaques de marbre décorées de graffiti et de marqueteries par plus de quarante peintres siennois et toscans. À la pinacothèque (palazzo Buonsignori), le *Port de mer* et la *Vue d'une ville* d'Ambrogio Lorenzetti sont d'étonnantes descriptions de paysages imaginaires. Quant aux œuvres de Sassetta et de Giovanni di Paolo, leur angélique douceur répond à l'idée que l'on se fait de l'école siennoise.

Zébrés transversalement, les gros piliers romans de la cathédrale de Sienne semblent jaillir du pavement à marqueterie de marbre jusqu'aux ogives des voûtes et aux caissons de la coupole.
Phot. Desjardins-Top
▼

▶
Sienne : découpé en neuf secteurs par des bandes de pierre blanche, le pavage en éventail de la piazza del Campo évoque les neuf consuls qui, au Moyen Âge, gouvernaient la république indépendante.
Phot. Charliat-Rapho

est marqué par un défilé en costumes du XVe siècle, avec pages couronnés de laurier, somptueux notables et char triomphal traîné par quatre bœufs.

L'épreuve consiste à faire trois fois le tour du Campo sur un pavé glissant recouvert de terre jaune. Bien que cela soit interdit, les concurrents essaient de se désarçonner mutuellement à coups de nerf de bœuf. Les habitants des quartiers concernés hurlent comme des déments. Le soir, on invite le cheval vainqueur au banquet triomphal. Son cavalier, entouré d'une foule d'admirateurs, parcourt les rues des quartiers vaincus en brandissant le trophée et en criant : *«Palio! Palio!»*. Impossible de retrouver ailleurs en Italie une évocation aussi saisissante des luttes civiles d'antan. Tout Sienne sent l'encens et le crottin. Tout cela est un mélange, paradoxal aujourd'hui, du faste et des cruautés de la Renaissance.

Les Étrusques en Toscane

À la pointe d'un triangle équilatéral dont les deux autres sommets seraient Florence et Sienne, Volterra est une des petites villes les plus étranges d'Italie, avec les énormes ravins qui la cernent et semblent prêts à l'engloutir. La piazza dei Priori est une merveille médiévale, mais c'est pour le Musée étrusque qu'il faut venir ici : dans les longues salles rouges, tout un peuple allongé dans l'attitude des convives d'un banquet (on dénombre quelque 600 urnes cinéraires représentant les défunts dans des poses vivantes) regarde passer le visiteur. Griffons, hippocampes, tritons et têtes de Méduse ornent les parois des urnes où l'ange de la mort affûte son glaive.

À Chiusi, dont le territoire s'étend sur la frontière qui sépare la Toscane de l'Ombrie, il faut également voir le Musée étrusque avant de partir à la recherche des tombes peintes de la campagne environnante. Dans la tomba della Scimmia et la tomba del Colle Casuccini, on verra des courses de char, des lutteurs et des musiciens, des dîneurs et des esclaves nus, une femme qui se regarde dans son miroir : toute une vie allègre et bucolique, dont les fresques retracent les épisodes heureux avec une fraîcheur digne de l'Égypte antique.

Il faut encore découvrir San Gimignano, dont subsistent 13 tours sur les 70 qui abritaient guelfes et gibelins ennemis. Elles permettent d'imaginer ce qu'était Florence avant que le podestat, excédé par les querelles et les luttes de prestige incessantes, n'oblige les rivaux à étêter leurs trop orgueilleuses constructions.

Reste enfin un pèlerinage chez un artiste de tout premier plan : Piero Della Francesca, dont la *Légende de la sainte Croix,* en l'église San Francesco d'Arezzo, et la *Résurrection du Christ,* à la pinacothèque de Sansepolcro, comptent parmi les chefs-d'œuvre de la peinture mondiale. Au même titre que les Pisano et que Michel-Ange, Piero Della Francesca justifierait, à lui seul, le voyage toscan.

Sienne est aussi la patrie de saint Bernardin (sa maison est décorée de belles fresques du Sodoma) et de sainte Catherine, qui décida le pape Grégoire XI à quitter Avignon et à rétablir le trône de saint Pierre à Rome. La maison de la sainte est transformée en oratoire.

Le 2 juillet et le 16 août de chaque année, tous les balcons de Sienne se couvrent de drapeaux et de tapisseries : c'est jour de course du *Palio,* dont la tradition, qui remonte au XIIIe siècle, fut remise en vigueur en 1632, à l'occasion de l'arrivée à Sienne du grand-duc Ferdinand II. Le *Palio* est une grande bannière, portant l'effigie de la Vierge, qui est remise en guise de trophée au vainqueur.

Parmi les 17 *contrade* (quartiers) de Sienne, on en tire 10 au sort qui disputeront la course sur le Campo. Au matin du grand jour, dans l'église de chaque *contrada,* sont bénits le cheval et son cavalier. Le prélude à la course

▲
Dans le musée de Chiusi, une des urnes cinéraires en terre cuite qui rappellent que les Étrusques occupaient la Toscane bien avant l'époque romaine et que la région s'appela d'abord Étrurie.
Phot. Scala

▲
Les tours qui hérissent San Gimignano furent élevées par les nobles au temps des luttes intestines entre guelfes soutenant le pape et gibelins partisans de l'empereur germanique.
Phot. Koch-Rapho

l'Ombrie

Une des rares provinces italiennes à ne pas être baignée par la mer, l'Ombrie est traversée du nord au sud par la vallée du Tibre. Mais l'autoroute du Soleil, qui passe au pied de l'éperon d'Orvieto, ne fait qu'effleurer la région. Comme si quelqu'un avait senti qu'il fallait épargner à cette terre encore silencieuse le bruit et la fureur des grandes voies de communication. Les dépliants touristiques ne fournissent sur l'Ombrie qu'une seule statistique : 20 000 saints et bienheureux y ont été dénombrés...

La clarté triomphale des matins de Toscane fait place ici à une brume légère qui souligne doucement l'architecture du paysage. La moindre colline est parfaitement construite : au sommet, un clocher ou un donjon jaillit d'une herbe si lustrée qu'on dirait de la fourrure; plus bas commencent les espaliers, les arbres taillés en forme de lyre, les vignes hautes qui s'accrochent à leurs tuteurs pour former un tunnel de tonnelles; plus bas encore, coquelicots et genêts entourent les masses étroites et hautes des meules de foin, qui ont, en Ombrie, une forme toute particulière. Quant aux bœufs blancs attelés aux charrettes qui transportent des tonneaux de vin, ils semblent descendus des parois d'un sarcophage romain.

Au nord, l'Apennin ombrien a des déserts dignes des hauts plateaux d'Écosse, des bergeries qui sentent le bois tiède et le miel, les routes de crêtes vertigineuses. À l'ouest, le lac Trasimène, devant lequel Hannibal, ayant vaincu Flaminius, fit trembler et pleurer Rome, baigne trois îles minuscules : Minore et Polvese, qui sont pratiquement désertes, et Maggiore, un bourg de pêcheurs dont la grand-rue a

▲
Assise : la plus élevée des deux basiliques superposées dont la construction fut entreprise en 1228, deux ans après la mort de saint François, l'année même où il fut canonisé.
Phot. Ionesco-Top

Histoire
Quelques repères

309 av. J.-C. : Rome enlève Pérouse aux Étrusques.
XIIe s. : apparition, comme à Florence, du phénomène communal.
Renaissance : annexion de l'Ombrie par les États pontificaux.
1860 : incorporation de la province à l'Italie unifiée.

▶
Dans la basilique inférieure d'Assise, fresque de Cimabue — primitif florentin qui fut le maître de Giotto — représentant saint François.
Phot. Schneiders-B. Coleman Ltd

bien 100 m de long. L'île appartient plus ou moins à l'illustre famille des Fuglielmi, dont le château — plein d'armures et de coquillages — et le parc occupent un bon tiers du territoire.

Outre les sites célèbres que nous étudierons plus en détail, l'Ombrie recèle une infinité de bourgades inconnues où l'on retrouve l'Italie éternelle, celle des moines et des laboureurs ou, si l'on préfère, celle de Peppone et de Don Camillo. Entre Orvieto et Narni, par exemple, c'est-à-dire sur 60 km à peine, on ne compte pas moins de quatre centres pleins d'intérêt : Livita di Bagnoregio, abandonnée à la suite d'un tremblement de terre qui a donné au paysage l'allure d'une mer en furie, ville morte où les mulets font sonner leurs sabots sur les pavés disjoints; Lugnano in Taverina, avec son église Santa Maria Assunta, dont la sobriété romane paraîtra au visiteur français, après tant de mosaïques et tant de marbres, singulièrement attendrissante; Amelia, qui conserve de superbes remparts étrusques; ou bien Narni, vertigineusement accrochée au-dessus de la vallée de la Nera, dont la loggia dei Priori est aussi belle que le palazzo del Podesta, ce qui est tout à son honneur. Même autour de Terni, dont les usines font l'un des principaux centres industriels italiens, on retrouve, à deux pas, une campagne en tout point digne des louanges que lui adressaient, il y a quelques siècles, les poètes Virgile et Pline.

La ville du « Poverello »

Patrie de saint François, le *Poverello* qui savait parler aux oiseaux et reçut les stigmates, Assise se dresse au-dessus de la plaine d'Ombrie comme un haut lieu où souffle l'esprit.

Sur ce rocher, on a construit une immense basilique composée de deux églises superposées. L'église inférieure, où repose le corps du saint, est couverte de fresques de Cimabue, de Pietro Lorenzetti, de Simone Martini et de Giotto. Dans l'église supérieure, les fresques de Giotto, peintes de 1290 à 1296, c'est-à-dire soixante-dix ans à peine après la mort du saint, sont particulièrement émouvantes : on croirait que les deux hommes se sont rencontrés, que Giotto a été touché au plus profond par l'esprit d'enfance de François et que c'est avec la mémoire du cœur qu'il a dessiné ces simples panneaux, pour offrir au monde le récit d'une prodigieuse aventure mystique.

Aujourd'hui, plutôt qu'Assise, dont le silence et le recueillement ne sont préservés qu'en de courts moments de l'année tant y est excessive l'affluence des pèlerins et des touristes, c'est la campagne alentour qu'il faut parcourir pour retrouver saint François. Au couvent San Damiano, par exemple, où le saint entendit le commandement divin et où sa disciple sainte Claire, qui abandonna toutes ses richesses pour le suivre, fonda l'ordre des Clarisses, ou à l'ermitage des Prisons (eremo delle Carceri), où François venait prier dans une grotte, au milieu d'un bois de chênes verts.

◄
Précédée d'un large portique à arcades comportant deux chaires à prêcher, ornée d'une grande mosaïque et émaillée de rosaces, la façade du Duomo de Spolète.
Phot. Guillot-Top

▲
Pérouse : piazza IV Novembre, la Fontana Maggiore et le palazzo dei Priori, à l'étage supérieur duquel la galerie nationale de l'Ombrie abrite les chefs-d'œuvre de l'école ombrienne.
Phot. J. Bottin

De retour à Assise, quand le tumulte s'est tu, on ira voir le temple de Minerve, pour songer à l'antique vocation sacrée de cette colline. Et puis l'on errera dans les ruelles tièdes de la ville avant de monter, le soir, à la forteresse de la Rocca Maggiore, pour voir s'élever de la plaine cette brume dorée qui annonce la paix.

Pérouse et Spolète

Capitale de la province, Pérouse, qui domine la vallée du Tibre, est, elle aussi, accrochée à un piton dans un enchevêtrement de rues à pic et d'escaliers. La piazza IV Novembre, ornée d'une fontaine du XIIIe siècle (l'une des plus belles d'Italie), débouche sur le Duomo et le palazzo dei Priori, qui abrite la galerie nationale de l'Ombrie, où sont mises en vedette les œuvres d'une inspiration toute franciscaine du Pérugin et de Pinturicchio, deux enfants du pays. Au collegio del Cambio, fresques du Pérugin et de son élève Raphaël.

À voir absolument : trois églises, Sant'Angelo, sanctuaire tout rond édifié sur des colonnes antiques, l'oratoire de San Bernardino, pour les bas-reliefs de sa façade, San Pietro, salon plein de coquetterie décoré par un disciple du Tintoret; et, dans la basse ville, la très étonnante via Bagliona Sotterranea, une rue souterraine avec ses échoppes, ses maisons et ses galeries, tout un monde insoupçonnable de l'extérieur et parfaitement surréaliste, s'ouvrant par une porte de l'époque étrusque.

Spolète, rendue universellement célèbre par son festival international dei Due Mondi, créé par Giancarlo Menotti, est construite autour d'une piazza del Duomo qui semble avoir été conçue tout exprès pour servir de théâtre en plein air. À l'intérieur du Duomo, cycle de fresques de Filippo Lippi. Un peu à l'écart, le ponte delle Torri (pont des Tours), construit au XIVe siècle au-dessus d'un aqueduc romain, franchit les gorges du Tessino dans un site grandiose.

Et puis, à quelques tours de roues de Spolète, encore deux églises tout à fait passionnantes : San Salvatore, fondée au IVe siècle, et San Pietro, dont la façade, ornée de bas-reliefs du XIIe siècle, est un poème qu'il faudrait des heures pour déchiffrer.

Signorelli à Orvieto

Orvieto : un rocher volcanique si abrupt que l'on y a installé un funiculaire. Le seul endroit horizontal de la ville est le parvis du Duomo,

De la « cité du silence » aux sources sacrées

Au nord de l'Ombrie, Gúbbio, la « cité du silence », a si peu changé depuis le Moyen Âge que l'on trouve naturel de voir des arbalètes accrochées aux murs des maisons et de pénétrer dans des tavernes dignes de Don Quichotte. Sur les façades, à hauteur d'entresol, les portes des morts débouchent sur le vide : on les utilise lorsqu'il y a un deuil dans la famille. De part et d'autre de la grand-rue, les marchands de céramique vendent des plats et des lampes « mille fleurs » dont les tons passés sont d'une douceur extrême. Au Moyen Âge, c'est pourtant par le rouge à reflets métalliques de ses poteries — un secret que les cités voisines cherchèrent vainement à percer — que Gúbbio devint célèbre dans toute l'Italie. Chaque année, le 15 mai, la « course des Ceri » (procession de trois personnages en cire représentant des saints du palais du Podestat au sommet de la colline de Saint Ubaldo) sert de prétexte à une fête violente, mi-païenne, mi-chrétienne.

Entre Assise et Spolète, il faut voir le magnifique portail roman du Duomo de Foligno, l'une des rares villes de la région à se trouver en plaine. Tout à côté, c'est Montefalco, le « mont du Faucon », balcon de l'Ombrie, d'où l'on découvre en même temps Pérouse et Assise.

Et puis, près de Trevi, les Fonti del Clitunno, sources sacrées dont les eaux, selon la mythologie, avaient la propriété de rendre parfaitement blanche la robe des bœufs du sacrifice. À proximité, un petit temple abrite les plus anciennes peintures chrétiennes de l'Ombrie, comme pour offrir une transition idéale entre les églogues des poètes latins et les hymnes de saint François ■ Jean-Erik LINNEMANN

dont la masse est si importante que l'on se demande comment il a pu venir se poser sur l'échine étroite de la colline. Pendant des siècles, plus de trois cents architectes, sculpteurs et peintres ont travaillé à cette hymne de pierre. À l'intérieur, au-dessous des fresques suaves de l'Angelico, le *Jugement dernier* de Signorelli — qui inspira, dit-on, Michel-Ange pour la Sixtine — paraît encore plus terrifiant : les démons en furie jaillissent des abîmes, la chair repousse sur les squelettes ressuscités, et l'Antéchrist harangue le peuple sur fond d'incendies et de soldats noirs.

Les vestiges étrusques du musée de l'Œuvre du Duomo; le pozzo di San Patrizio (puits de Saint-Patrice), creusé au XVIe siècle, avec son double escalier et les 72 fenêtres qui l'éclairent; le dédale des ruelles médiévales, avec leurs lanternes et leurs pavés qui dégringolent comme un ruisseau entre les berges des maisons, composent un tableau à la fois étrange et familial. Le samedi, la foire se tient sur la piazza della Republica, devant le palazzo Comunale : on oublie les tombeaux et les démons, et le vin d'or d'Orvieto vient mettre dans la bouche un goût de douce euphorie.

▲
Ciselée et chatoyante comme un bijou, abondamment ornée de mosaïques, de statues et de bas-reliefs, la façade du Duomo d'Orvieto fait la transition entre les styles roman et gothique.
Phot. Peuriot-Pitch

▲
Symboles de la longue histoire d'Orvieto, l'église Sant'Andrea et son clocher dodécagonal sont bâtis sur les vestiges d'un temple dédié à Junon et d'une basilique du VIe siècle.
Phot. Loncle-Fotogram

le Latium

Le Latium se trouve à mi-botte sur la côte occidentale de la péninsule italienne. Aujourd'hui, il est près de deux fois plus étendu que la Corse, et la capitale en occupe à peu près le centre. Il y a vingt-sept siècles, le territoire habité par les Latins, un peuple obscur de bergers et de trafiquants, était vingt fois plus petit et situé au sud du Tibre.

Vers le Ve siècle av. J.-C., les premières villes latines forment une confédération pour se défendre contre leurs ennemis. La plus importante de ces cités est Albe la Longue. Lorsque Rome la supplante, le Latium suit le destin de sa nouvelle capitale. Sous Auguste, il atteint ses dimensions actuelles, qui sont ensuite respectées par les Byzantins, les Lombards, les papes et l'État italien. Le cadre n'a guère changé depuis les temps lointains où des bergers et des marchands s'établirent près du Tibre. Que ce soit parmi les fontaines mises en musique par Ottorino Respighi ou dans les paysages agrestes peints par Nicolas Poussin et Claude Lorrain, il est difficile de séparer la légende, la mythologie et l'histoire.

Le Latium semble être tout d'abord « ce grand jardin autour de la Ville éternelle » représenté par les peintres. Mais c'est évidemment un jardin énorme, multiforme, très contrasté. Au pied des montagnes verdoyantes d'où jaillissent des cascades, c'est le « pays plat », hérissé de monuments funéraires et de pins parasols. S'écarte-t-on de Rome en direction d'Albane Laziale et de Lanuvio ? Des villes apparaissent dans des bois consacrés à Diane, des églises surgissent de lacs pittoresques peuplés de tritons. Riches d'oliveraies et de vignes, les monts Albains sont parsemés de bourgades médiévales, les Castelli Romani (châteaux romains), agréables séjours estivaux dont Rocca di Papa, avec ses 680 m d'altitude, est l'un des plus élevés. Il faut y venir aussi pour les *ottobrate*, les soirées d'automne, afin d'y boire frais sous la tonnelle le frascati nouveau. Castel Gandolfo, résidence papale d'été, reste l'un des endroits les plus riants du territoire d'Albe la Longue. La villa Adriana et la villa d'Este sont respectivement le domaine des Césars et celui des princes romains de la Renaissance.

Mais, si l'on s'éloigne de la Ville éternelle au nord du Tibre, on pénètre alors dans l'étrange monde étrusque, parmi les lacs volcaniques de Bracciano, de Vico, de Bolsena, peuplés d'anguilles fort appréciées des papes gourmands. Aux plages écrasées de soleil de Fiumicino et de Fregene, le Latium oppose encore la neige et le ski du monte Terminillo (2 213 m), le vert déjà ombrien de Rieti. Au sud, la vieille route qui serpente parmi les montagnes vers Frosinone et Cassino ne ressemble guère à la voie plate, surnommée le « spaghetti », qui traverse l'Agro Pontino, les anciens marais Pontins que Mussolini voulait transformer en Beauce. De Civitavecchia à Gaete, en passant par Anzio, la région côtière est plus proche du littoral sarde qui lui fait face que de l'Italie continentale à laquelle elle s'adosse.

Toutefois, entre bois et grottes, vignes et maquis, mer et montagne, l'ensemble reste très cohérent. Tous les chemins y mènent, comme chacun sait, à ce foyer de grandeur, d'art et de foi qui brûle comme un soleil éblouissant au point de faire pâlir tout le reste : Rome.

▲
Parmi les pins et les cyprès, les ruines mélancoliques d'Ostia Antica, port maritime de Rome, jadis prospère ; peu à peu ensablé et infesté par la malaria, il fut abandonné sous le règne de Constantin et devint une ville morte.
Phot. Thomas-Explorer

Rome,
la cité aux sept collines

On a dit que Rome est une cité désordonnée, sans planification à la Haussmann, sans logique à la Descartes, sans mystique à la François d'Assise. On a ajouté qu'elle s'est surtout épanouie dans le style baroque, dont l'envers secret serait la mort. Ces affirmations sont à la fois vraies et fausses. Il est exact que le baroque romain est parfois déclamatoire, et même ricanant, mais il prélude au déchaînement exubérant de l'imaginaire.

Rome n'a pas été édifiée par la rigueur napoléonienne, la géométrie d'un Le Nôtre ou la foi des abbayes médiévales. Elle est pourtant une créatrice de mythes, un musée monumental, une cité dynamique, chaleureuse, radieuse de beauté, où beaucoup de grands hommes ont souhaité attendre la fin du monde. C'est d'abord une ville, puis un empire, enfin une civilisation : la nôtre.

Son développement se fait en trois mille ans, en cercles toujours plus élargis, autour d'une pierre jetée dans l'eau. Cette pierre, c'est Isola Tiberina, l'île qui partage le Tibre en deux bras resserrés. Passez en ce lieu précis sur les deux ponts antiques aux lumières clignotantes dans le soir pourpre et or, et vous aurez l'image du générique. Un matin d'avril de l'an 753 av. J.-C., Romulus et quelques compagnons dessinent derrière cette île un tracé de fortifications (que les historiens appellent *Roma quadrata,* mais ce « carré » est plutôt un trapèze). Leurs fils contrôlent bientôt *Septimontium,* la confédération des sept collines (Palatin, Quirinal, Viminal, Esquilin, Caelius, Aventin et Capitole), dont les citoyens, amateurs de jolies

◀
Pour commémorer leurs hauts faits, les empereurs romains faisaient élever, sur le Forum, des arcs de triomphe, sous lesquels défilaient les légions victorieuses : celui-ci est dû à Septime Sévère.
Phot. P. Tétrel

▲
Forum romain : de gauche à droite, les trois hautes colonnes corinthiennes du temple de Vespasien, l'église Sante Luca e Martina, l'arc de Septime Sévère et les huit colonnes de granite du temple de Saturne.
Phot. P. Tétrel

filles, vont bientôt enlever les Sabines voisines, tout en réglant le sort d'Albe par le combat des Horaces et des Curiaces, un jeu guerrier sans hécatombe qui témoigne, à cette époque reculée, d'une certaine civilité.

Dès cette époque s'affirme une qualité politique et réaliste : on s'allie, après l'avoir vaincu, à l'adversaire de la veille. C'est du moins ce que dit la version latine que nous traduisions en classe. En réalité, ces bergers trop vite évolués, qui acceptent même trois rois sabins, sont peut-être des Étrusques. *Ruma*, en langue étrusque, signifie « ville des Étrusques ». La première place publique — le Forum — est sans doute le cœur d'un royaume « sudète » étrusque, au sud du Tibre, parmi les murs de brique, les temples, les archives d'État, les égouts géants (comme la *Cloaca maxima*) que de simples pâtres seraient bien incapables de construire un siècle à peine après être devenus sédentaires.

La *Louve* de bronze, symbole de la latinité, que détient le palais des Conservateurs, est une œuvre du Ve siècle av. J.-C., qui ne peut être qu'étrusque. Ce n'est pas par hasard que cette bête féroce, à la fois agressive et maternelle, préside à l'apparition de Rome dans l'histoire. Romulus commence par tuer son jumeau Remus. Les « sudistes » du Tibre apprennent à se révolter contre les « nordistes ». De la louve nourricière, les Romains garderont les mœurs de la bête sauvage, qui ne cesse d'être traquée qu'en passant vigoureusement à l'attaque.

Quand le marbre remplace la brique

En trois siècles, la ville s'est développée. Une nouvelle civilisation est née, où la force brutale ne règne plus seule et s'accompagne déjà d'une étonnante diplomatie et de l'esprit des lois. Mais la future mère du monde risque de périr sous les coups des Barbares de l'époque. Trois siècles avant J.-C., les Gaulois envahissent la ville. D'abord intimidés par le sénat romain, glacé et solennel, ils se ressaisissent vite et brûlent tout, au point que les survivants envisagent de déserter Rome, devenue l'Hiroshima de l'Antiquité.

Au premier siècle de notre ère, Auguste remplace la brique par le marbre, et la ville acquiert la somptuosité qui fascina Hollywood. Même dépecé de son marbre d'origine, le squelette de la Rome primitive, des Rostres au temple d'Antonin, tel qu'on le découvre en tournant le dos au Capitole, d'une terrasse-balcon entre la via dei Fori Imperiali et la via Sacra, permet de se faire une bonne idée de la vie romaine à son apogée, six siècles après être sortie de la tanière de la louve... À partir de ce coup d'œil, il est possible d'imaginer une métropole de 2 millions d'habitants, partagée en 14 régions, avec quartiers d'affaires, palais de justice, casernes, temples, maisons de rapport, éclairage de nuit, archives d'État, lupanars, tavernes, rues élégantes, banlieues et terribles encombrements de chars. Pline, le journaliste de l'époque, précise qu'il faut, à un char à quatre chevaux, sept jours pour en faire le tour, mais peut-être exagère-t-il un peu...

D'après l'historien romain Argan, la ville, dès cette époque, est implantée du portique Minucia (le Largo Argentina) à l'actuel Transtévère, et du Panthéon à la mer où elle s'achève par un port gigantesque. Le centre, la Maison dorée de Néron — la chapelle Sixtine du temps — a pratiquement disparu (il en reste quelques pierres au forum de Trajan), mais il subsiste, parmi d'autres amphithéâtres, le Colisée, cirque ovale, titanesque pour l'époque, de 188 m sur 156. La partie la plus élevée atteint 54 m et superpose trois rangées d'arcades de styles dorique, ionique et corinthien. Au-dessus s'étendait le *velarium* protégeant du soleil. Bien que dépouillé de ses marbres et de ses pierres au cours des siècles, le Colisée a encore fière allure. Faisons un effort pour l'imaginer le jour du « Millénaire », vomissant en quelques minutes 50 000 spectateurs après le « match » qui, ce jour-là, a mis aux prises 4 000 gladiateurs sous les yeux d'un empereur « Arabe ». À Rome, un Africain peut régner à condition d'être citoyen, ce qui paraît inconcevable aujourd'hui aux U.S.A. ou en U.R.S.S. À Rome encore, la vie des professionnels du stade n'a guère d'importance, mais ils ont des compensations financières. On les choisit parmi ceux qui préfèrent vivre intensément plutôt que mourir de vieillesse dans leur lit.

La mort ? La *via Appia Antica*, au voisinage de Rome, est son domaine, avec ses théâtres de verdure, ses dalles intactes, ses tombes parmi les arbres où vont se réfugier aujourd'hui les amoureux. Ouverte dès 312 av. J.-C., cette grande route romaine file droit vers Brindisi, permettant le passage des légions vers l'Orient. Les premiers chrétiens, plus modestement, enterrent leurs morts dans 100 kilomètres de souterrains. On y descend par le numéro 430 de la via Salaria et on y découvre, en un saisissant raccourci, la foi des premiers chrétiens qui ont dessiné l'Ancien Testament sur une arche. Dans cette évocation naïve et bigarrée, une nièce de l'empereur côtoie aussi bien un centurion que des esclaves : à ses débuts, le christianisme n'est pas seulement une religion, c'est également une révolution sociale, ce qui assure son triomphe.

▲
Vues du mont Esquilin, l'une des sept collines de Rome, les arcades béantes du Colisée, colossal amphithéâtre élevé par la dynastie des Flaviens, où se déroulaient les combats de gladiateurs et les fêtes solennelles.
Phot. Rémy

▲
Secoué par des tremblements de terre, transformé en forteresse, pillé par les voleurs de pierres, le Colisée a perdu ses gradins, où 50 000 spectateurs trouvaient place.
Phot. Reichel-Top

▶
À côté des arcades dépouillées du Colisée, l'arc de Constantin, ses colonnes de marbre blanc, ses frises sculptées et ses médaillons représentant des scènes de chasse ou de sacrifices.
Phot. Ross-Rapho

Des poupées gigognes

Quand les chrétiens sont clandestins, ils creusent les Catacombes. Quand ils s'affirment, ils construisent « au-dessus ». Le trapèze des quatre grandes basiliques datant de l'empereur Constantin (Saint-Pierre, Sainte-Marie-Majeure, Saint-Paul-hors-les-Murs, Saint-Jean-de-Latran) remplace, aussitôt l'Empire romain devenu chrétien, le trapèze de Romulus. En somme, les papes succèdent aux empereurs, qui avaient succédé aux consuls, qui avaient succédé aux sept premiers rois de la ville. Les 14 quartiers de la Rome d'aujourd'hui ne font que recouvrir les 14 anciens quartiers des Césars.

Histoire
Quelques repères

Fin du VIIIe siècle av. J.-C. : installation des Étrusques dans la plaine maritime.
753 : Romulus fonde Rome.
VIIe siècle : Albe la Longue, capitale de la Ligue latine. À la même époque, des colons grecs sont installés dans la région d'Anzio.
509 : fin de la monarchie étrusque romaine; fondation de la république.
27 : création de l'Empire par Auguste.
312 apr. J.-C. : l'Empire romain devient chrétien.
Première moitié du XVIe siècle : apogée de la Renaissance sous les papes. (Raphaël, Michel-Ange.)
1610 : mort du Caravage, créateur de l'art moderne.
1870 : Rome, capitale de l'Italie.
1944-1945 : bombardement de l'abbaye bénédictine du Mont-Cassin; Rome libérée de l'occupation allemande.
Juin 1946 : proclamaion de la république, dont Rome est la capitale.

Rome est donc un ensemble de poupées gigognes : la basilique Saint-Pierre est assise sur le sanctuaire de Constantin, lequel est assis sur la nécropole dédiée à Jupiter; l'église San Clemente coiffe un sanctuaire de Mithra, et San Paolo fuori le Mura (Saint-Paul-hors-les-Murs) elle-même, la plus dépouillée des quatre grandes basiliques, bombardée pendant la Seconde Guerre mondiale, nous offre aujourd'hui des vitraux modernes qui ne font que restituer la « couleur » ancienne.

Au IVe siècle, le cortège de sanctuaires et de temples de Rome s'enrichit de la basilique San Lorenzo fuori le Mura (Saint-Laurent-hors-les-Murs) et de l'église Sant'Agnese fuori le Mura (Sainte-Agnès-hors-les-murs) fondée en 342, bien avant que Justinien n'en fasse une simple province de l'Empire byzantin en 536; l'archétype du style roman apparaît en l'an 1140, dans le quartier populaire du Transtévère, avec l'église Santa Maria in Trastevere. Mais cela se passe «à la campagne», puisqu'il y a désormais plus de moutons que d'habitants dans la Ville éternelle, dont la population ne dépasse pas 15 000 âmes.

Pour trouver des images de ces temps troublés, où invasions et pillages, princes et brigands, mouvements populaires et dictatures se succèdent, il faut fouiller les bibliothèques de la ville, car il ne subsiste guère, dans la Rome actuelle, de souvenirs de la commune de Rome (1143) ou de la république de Cola di Rienzo, qui dura de 1347 à 1354. Pour se faire une idée, en quelque sorte « populaire », de cette Rome médiévale, le mieux est de se rendre au marché aux fleurs (Campo di Fiori), parmi les marchands des quatre-saisons, dont une oreille vénitienne, sicilienne ou lombarde ne saisit pas toujours très bien le parler savoureux. Dans ce lieu haut en couleur se trouve la statue du moine-philosophe Giordano Bruno, qui préconisait la liberté de conscience

▲
Précédée d'un jardin et d'un grand portique, la basilique Saint-Paul-hors-les-Murs, fondée au IVe siècle, fut détruite par un incendie en 1823 et rebâtie sur le plan d'origine.
Phot. J. Bottin

▶
Probablement la première en date (221) des églises romaines, reconstruite au XIIe siècle, Santa Maria in Trastevere est décorée extérieurement de peintures et de mosaïques d'or.
Phot. Silberstein-Rapho

et le libre arbitre et qui, pour cette raison, y périt sur le bûcher.

Mais, avec le temps, les inquisiteurs et les chefs de bande deviennent des papes raffinés et des mécènes. Ils commencent même à aimer leur bon peuple et à se faire aimer de lui.

La Renaissance, ou l'art pour l'art

Nous avons longtemps erré parmi les vestiges de César, de Pompée et d'Auguste, contemplé la masse sombre et boisée du Palatin, visité les thermes de Caracalla, qui servent de cadre, au début d'août, à de beaux concerts. Nous avons, tour à tour, été séduits par la gentillesse des quartiers populaires qui évoquent Spartacus et la révolte des esclaves, puis impressionnés par l'âpre grandeur du Forum et le froid glacial de la prison Mamertine où agonisa Vercingétorix. L'escarpement du Capitole, qui domine ce paysage de spectres impériaux, donne tout de suite, avec le palazzo Venezia (palais de Venise), un aperçu de la Renaissance.

Celle-ci arrive tardivement à Rome, plus tard qu'à Florence, et s'exprime, au sommet d'un haut escalier, derrière la stricte façade romano-gothique de l'église Santa Maria in Aracoeli, par des fresques et des tombeaux du XVe siècle et surtout par la piazza del Campidoglio (place du Capitole), chef-d'œuvre de Michel-Ange. Il fallait à la si complexe pâte romaine — le palais des Conservateurs, qui abrite la *Louve* initiale, occupe un côté de la place, au centre de laquelle se dresse la statue de Marc Aurèle, datant du IIe siècle apr. J.-C. — cette fontaine et cet escalier à double révolution entourant le palais du Sénateur. Le grandiose ensemble capitolien n'a rien à envier à la piazza della Signoria de Florence.

Mais, à Rome, rien n'est totalement homogène. L'harmonieuse maison à loggia des Chevaliers de Rhodes est proche, de même que le *Moïse* sculpté par Michel-Ange pour le tombeau de Jules II. Toujours du Capitole, on devine l'arc de Septime Sévère sur le flanc le plus escarpé de la colline, comme la massive tour des Milices, qui date du Moyen Âge, la maison des Vestales, les Orti Farnesiani (jardins farnésiens), l'arc de Titus. Encore et toujours les poupées gigognes...

Dans une ville aussi complexe où Santa Maria sopra Minerva est gothique et dominicaine, comment la Renaissance pouvait-elle tout envahir? Elle ne disposa que d'un siècle, car elle fut brisée, au moins dans son esprit, par le sac de Rome en 1527 et, surtout, par l'assaut protestant de Luther, qui déclencha la Contre-Réforme et l'art engagé du baroque. Elle jalonna pourtant la ville de joyaux incomparables, qui contribuent à son originalité : la via Giulia, la via Sistina, un collier d'églises simples et raffinées — Santa Maria del Popolo, Sant'Agostino, Santa Maria di Loreto, San Marco, Santa Maria della Pace, le Tempietto. Ces rues et ces sanctuaires sont imprégnés de la grâce que l'on retrouve au palais Farnèse, malgré les dimensions de cet édifice, et de la majesté du palais de la Farnesine, de la Chancellerie et du château Saint-Ange.

Cette Rome de la Renaissance suffirait à faire une seconde Sienne. Pour l'admirer encore davantage, allons au Vatican. Si Rome, en raison de sa fonction universelle, devient baroque pour en imposer, par sa richesse quelque peu déclamatoire, aux protestants, «l'art pour l'art» de la Renaissance est conservé au Vatican. Pour s'en convaincre, il suffit de visiter les appartements Borgia, la chapelle de Fra Angelico, les chambres et les loges de Raphaël, la chapelle Sixtine. Si nous ne sommes pas dans la ville de la Renaissance, nous sommes du moins dans le plus grand musée Renaissance de l'univers. Son joyau est la basilique Saint-Pierre, à laquelle collaborèrent l'architecte Bramante, Raphaël et Michel-Ange.

À la phénoménale palette des couleurs ocre, bleue, pain brûlé, rouge sombre et turquoise des peintures, au gris chamois des fontaines, au marbre d'un blanc aveuglant des statues, au vert des jardins pontificaux se mêle désormais l'arc-en-ciel des soutanes rouges, noires, violettes, allant et venant dans la fine poussière ocre apportée par le sirocco. Les sables sahariens s'infiltrent dans la pinacothèque vaticane, dans la chapelle Paolina, couvrent jusqu'aux tapisseries, aux cartes de géographie, aux toiles du Pérugin, de Lippi, de Botticelli, de Ghirlandaio. Faire ici le décompte de ce que nous voyons, après avoir suivi Raphaël et Michel-Ange jusqu'à sa colère du *Jugement dernier*, c'est passer en revue l'armée de l'art universel. Par les trésors artistiques qu'il recèle, le Vatican est la gare terminus où aboutit le petit train du génie créateur de l'humanité.

Le modèle de toutes les villes

Et, pourtant, ce petit train ne fait que prendre sa vitesse de croisière. Dans le cadre étroit d'une vie, Michel-Ange dote la basilique Saint-Pierre de deux chefs-d'œuvre bien différents, l'un sculptural, mesuré, classique : la *Pietà*, l'autre monumental, démesuré, inclassable : la grandiose coupole, phare éternel dans le ciel velouté de la péninsule! Nous voyons dans ce saut, dans cette relation, le passage de la Renaissance au baroque, de la mesure à la démesure, du réel à l'imaginaire. La colonnade dessinée par le Cavalier Bernin semble déjà conçue pour accueillir les foules accourues du monde entier.

De la Renaissance au baroque, on passe également du musée à la rue, et c'est tant mieux pour la Ville éternelle. Le Bernin, Borromini, Maderno multiplient les fontaines, les bénitiers, les angelots, les Neptunes et les nymphes. Ils retrouvent le goût de la somptuosité des Césars, mais toujours en y ajoutant ce petit quelque chose de dément, de démesuré qu'est précisément le baroque. Pour faire face au protestantisme, pour devenir la capitale mondiale de la chrétienté, Rome, s'il le faut, séduira davantage par ses richesses et ses décors que par sa foi.

À la majesté Renaissance des grandes artères toutes droites de Jules II et de Sixte Quint, le plan d'urbanisme baroque ajoute les perspectives, les colonnades, les figures allégoriques. Plus encore que la basilique Santa Maria Maggiore (Sainte-Marie-Majeure), que l'église Sant'Ignazio, que la piazza di Spagna et celle du Quirinal, la piazza Navona offre une parfaite démonstration de ce qu'est l'art baroque. Sa disposition scénique respecte la forme et les dimensions de l'antique stade de Domitien, mais en lui ajoutant la note fantasque de figures allégoriques géantes, représentant fleuves et dieux marins. Il en est de même à la piazza et à

▲
À l'entrée de la Cité du Vatican, la majestueuse place Saint-Pierre, avec son obélisque, ses deux fontaines et sa quadruple colonnade elliptique, illustre parfaitement les conceptions grandioses du style monumental baroque.
Phot. Reichel-Top

▲
Parmi les trésors de la basilique Saint-Pierre de Rome, la Pietà *sculptée par Michel-Ange à l'aube de sa prodigieuse carrière, alors qu'il n'avait que vingt-quatre ans.*
Phot. Scala

▶
Cœur de la chrétienté, l'immense basilique Saint-Pierre de Rome n'est pas assez vaste pour contenir la foule qu'attirent certaines cérémonies, et c'est sur la place que le pape bénit les fidèles.
Phot. C. Bavagnoli

Double page suivante :
Précédé d'un pont qui date de la Rome antique et que les élèves du Bernin couvrirent d'anges de marbre, le château Saint-Ange, énorme mausolée conçu par l'empereur Hadrien, fut transformé en forteresse au Moyen Âge.
Phot. Spiegel-Rapho

ALEXAN·VII·P·M

la porta del Popolo, comme sur la piazza San Pietro (place Saint-Pierre) où ce style est parfaitement représenté. Il a fallu Mussolini pour saboter les intentions de Michel-Ange et de Bramante en complétant l'ensemble de Saint-Pierre par cette artère hideuse qu'est la via della Conciliazione.

Dans le domaine de la sculpture, l'*Enlèvement de Proserpine*, du Bernin (musée Borghèse), montre bien, par son académisme, combien on est déjà loin de la *Pietà*. Si le baroque triomphe, multiplie les palais (Pamphili, Madama, de Montecitorio, Chigi, Borghèse, Doria, Colonna, Barberini) et les fontaines (de Trevi, du Triton, etc.), c'est aussi parce que cette explosion joyeuse du XVIIIe siècle représente un art populaire compréhensible, sensuel, qui s'apprête à conquérir le monde en partant — comme toujours — de l'antique. La statue colossale de l'*Océan* du musée du Capitole, qui est, pour le petit peuple qui y barbouille des épigrammes, la « statue parlante », date du Ier siècle av. J.-C., mais elle aurait pu être modelée par le Bernin.

Dès lors, le décor de la fête étant planté par de fins psychologues, les carnavals, les festivals pyrotechniques vont pouvoir se dérouler piazza Navona et piazza di Spagna. Au XVIIIe siècle, beaucoup d'artistes désertent Venise pour se fixer à Rome. Le Florentin Fuga travaille pour le palais de Christine de Suède, sur la piazza del Gesù, à Santa Maria Maggiore, à Santa Cecilia in Trastevere, au « Coffee House », dans les jardins du Quirinal ; son architecture « illuministe » s'accorde bien aux fêtes du temps et aux jets d'eau de la fontaine de Trevi. Marchionni, le Portugais Dos Santos qui construit la via dei Condotti — la rue de la Paix romaine —, le Napolitain Conca, le Bohémien Mengs, Vanvitelli et surtout Piranèse achèvent maintenant ce que Benoît XIV appelle « le modèle de toutes les villes ».

De Piranèse, son ami Focillon dit « qu'il révèle la beauté des ruines romaines avec quelque chose de plus ». Sur la ravissante place des Chevaliers de Malte, irréelle comme une vieille gravure regardée au stéréoscope, le « quelque chose de plus » apparaît en mettant l'œil au « trou de serrure » (un judas pratiqué dans le portail de la maison des Chevaliers) : on y voit la coupole de Saint-Pierre se profiler au bout d'une allée ombragée. Cette perspective *nec plus ultra*, que nous incitons les touristes à ne pas manquer, c'est peut-être la signature au bas du tableau romain.

Très populaire à Rome, ce masque de pierre se trouve sous le portique de l'église Santa Maria in Cosmedin. Appelé Bocca della Verita, *il passait pour mordre les menteurs qui glissaient la main dans sa bouche.*
Phot. J. Guillot-Top

◄ *Tivoli : la villa d'Este étage à flanc de coteau ses célèbres jardins Renaissance, animés de multiples fontaines aux eaux jaillissantes.*
Phot. Rousseau-Top

▲▲ *Rome : créée au XVIIe siècle, la villa Borghèse est un magnifique jardin public, orné de sculptures, de bassins et de fabriques d'inspiration antique, comme ce gracieux « temple d'Esculape » entouré d'un lac artificiel.*
Phot. J. Guillot-Top

▲ *Non loin de Tivoli, l'empereur Hadrien meubla la villa Adriana de réminiscences de ses voyages : la ceinture d'arcades et de statues grecques qui entoure ce plan d'eau est inspirée du Portique de l'agora d'Athènes.*
Phot. Lawson-Rapho

Le bon temps du café Greco

Piranèse a doté Rome d'un génial ensemble qui précède les temps nouveaux. Ils arrivent avec Napoléon, les rues éclairées au gaz et le sculpteur vénitien Canova, lequel, comme David à Paris, prône l'imitation des Anciens et s'oppose à l'empirisme du XVIIIe siècle. Du tombeau de Clément XIII à *Pauline Borghèse* née Bonaparte (elle est au musée de la villa Borghèse), du *Persée* du Vatican au mausolée de Clément XIV dans l'église des Saints-Apôtres, Canova s'exprime avec un souci de la perfection poussé, sans sentimentalité, jusqu'à son terme.

De son côté, l'architecte romain Valadier aménage l'admirable piazza del Popolo et le Pincio, compromis entre le jardin à l'italienne et le parc français vu par un néo-classique. C'est le temps où Français, Anglais et Allemands abondent dans la Ville éternelle, qui est

et s'enferme au Vatican, où il resta jusqu'aux accords de Latran, en 1929. C'est tant mieux pour le patriotisme italien, mais tant pis pour l'art nouveau, symbolisé par le monument de Victor-Emmanuel II, surnommé par les Romains la «tarte à la crème» ou la «tour Eiffel mayonnaise». Le Corso, reliant la piazza del Popolo à la piazza Venezia, initiative somme toute heureuse, aura précédé le «gâteau» des princes de Savoie piémontais, de même que l'axe papal Trinité-des-Monts - Sainte-Marie-Majeure aura devancé les avenues de l'époque fasciste, reliant la stazione di Termini, l'énorme Gare Centrale, à la piazza Venezia, et le Colisée à l'Aventin.

Chaque cité a son âme. On ne visite pas la Ville éternelle comme le «carré» de Manhattan ou les canaux de Venise. On doit savourer ce qu'elle donne : une cacophonie d'époques, de résonances, de niveaux divers où l'on s'attache, de surprise en surprise, de couleur en couleur, à un fouillis de fragments sublimes, ponctuels, composant, en fin de compte, un tableau impressionniste fait d'emboîtements heureux. Grâce à l'urbanisme de la royauté, le peuple respire mieux, mais l'esthétique y perd. Même tendance sous le Duce (1922-1945), dont l'initiative la moins malheureuse est la «route de la Mer» qui relie la piazza Venezia à Ostie en passant devant le palazzo della Civiltà del Lavoro (Civilisation du travail), surnommé, par dérision, le «Colisée carré»! À partir de 1950, une nouvelle école d'architectes — Moretti, Libera, Nervi — fait oublier la pesanteur mussolinienne, dont l'archétype est le Foro Italico, en construisant un beau village olympique et un élégant viaduc. Morandi signe les aménagements de l'aérodrome Leonardo da Vinci, et Nervi le Petit Palais des sports et la nouvelle Aula des audiences papales.

Parmi les peintres et sculpteurs romains contemporains, notons aussi Giorgio de Chirico, Giorgio Morandi, Filippo di Pisis, Nino Franchina, Guttuso, Manza, qui succèdent à Scipione, Severini, Mafai et d'autres. Mais Rome s'est faite aussi grâce aux contributions de Calder au Teatro dell'Opera, aux «feux d'artifice» de Stravinski et des ballets russes. Cité cosmopolite? Rome l'est d'autant plus que, contrairement à ce qui se passe à Venise

déjà celle de la joie de vivre — la *dolce vita* — pour Keats et Shelley. Ils se retrouvent le soir via Condotti, au café Greco, où le cadre de l'époque est demeuré intact. Pendant la journée, les peintres allemands décorent le Casino Massimo, Reynolds et Lawrence font des portraits, Corot peint la campagne romaine, et Ingres ordonne les grandes traditions de la villa Médicis.

Il ne se passe pas grand-chose entre la période du Greco et l'arrivée des Italiens, derrière Garibaldi, par la brèche de la porta Pia, en 1870. On allait en chemin de fer à Frascati, on alla aux bains de Civitavecchia. Le plébiscite «pour l'Italie» n'ayant obtenu, dans tout Rome, que 46 votes «contre», le pape boude

▲
Rome : aussi allongée que le stade de Domitien dont elle occupe l'emplacement, la piazza Navona est ornée de belles fontaines et bordée d'églises et de palais aux façades hautes en couleur.
Phot. Abbe-Vloo

▲
Triomphe du style baroque, la monumentale fontaine de Trevi est la plus spectaculaire des innombrables vasques dont les jeux d'eau animent les places romaines.
Phot. Lozouet-Holmes-Lebel

▶
Rome, piazza di Spagna : derrière la fontaine de la Barcaccia, un escalier rococo, sur lequel se tient un marché aux fleurs, conduit à un obélisque imité de l'antique et à l'église française de la Trinité-des-Monts.
Phot. Abbe-Vloo

ou à Florence, nombreux sont les étrangers à la ville qui y travaillent. Elle a retenu Diaghilev et Fouquet, Turner et Goethe. Cette ville *cattolicissima* possède le plus beau cimetière protestant, le plus touchant cimetière juif.

Le message de la Ville éternelle

Comme l'a dit Carandente, l'un de ses meilleurs critiques d'art, Rome est une cité folle dans la mesure où des étrangers y déclarent leur amour à des pierres, à des rues, au ciel, à des choses inertes ! N'est-ce point un singulier prodige qui doit tout à la magie du lieu ? N'oublions certes pas l'envers du décor. Sous les avenues, les arbres, il y a ses Catacombes. Sous la via Veneto — Champs-Élysées de Rome —, ses grands cafés et ses palaces pour rois en exil, s'étend le cimetière des Capucins aux momies terrifiantes. Les œillets et les lilas de la piazza di Spagna, entourés de tout un réseau de charmantes rues piétonnières, voisinent avec le musée des Supplices et Tortures.

▲
Fort appréciées des Romains, qui aiment prendre leurs repas en plein air les soirs d'été, les terrasses des restaurants de la piazza Navona empiètent largement sur la chaussée.
Phot. Rémy

N'importe ! Rome court gaiement, hier comme aujourd'hui, du café Greco à la piazza Navona, bâtie sur le lieu du sabbat où le peuple célèbre chaque année le jour de l'Épiphanie, la *Befana,* transposition religieuse de la fête des sorcières. Le petit peuple arpente inlassablement le Corso, comme au temps où l'on assistait à des courses populaires de chevaux. Romains et étrangers se restaurent encore de concerts dans les mille *trattorie* en plein air, qui permettent de bien manger et de bien boire en écoutant des guitaristes mettre en musique les poètes argotiques Giovanni Belli et Trilussa. Certes, la ville s'est gonflée comme une grenouille, mais elle n'atteint pas encore ses proportions du temps des Césars.

La Rome d'aujourd'hui se présente, en résumé, comme un triple cercle, comportant au centre des quatorze quartiers traditionnels, puis les nouveaux quartiers populaires et, enfin, les gigantesques bidonvilles où affluent chaque année les chômeurs venus du Sud. Ce grouillement urbain intense, que révèle de façon à la fois cruelle et ironique le cinéma italien, ne doit pas être l'image finale de cette trop rapide présentation romaine. Si Rome, comme son pape, peut être assimilée à une *bocca della verita,* à une bouche proclamant, *urbi et orbi,* un message un peu mystérieux qu'il nous faut déchiffrer pour notre plaisir, c'est piazza del

▶
Sur la place du Capitole, construite d'après les plans de Michel-Ange, s'élèvent des palais qui évoquent le temps où la Ville éternelle régnait sur le monde.
Phot. Reichel-Top

Popolo, au pied des jardins du Pincio, un soir d'été, que nous l'entendrons. Quelques fiacres tentent encore de s'y frayer un chemin dans la fourmilière des petites voitures luisantes que les Romains réussissent tout de même à garer, avec une sorte de génie de la débrouillardise qui leur est propre. Jeunes gens et jeunes filles bavardent debout, de longues heures durant, devant le café Rosati, le vrai cœur intellectuel de la cité, avant d'aller dîner sous les vignes du Janicule ou de l'Aventin. Rome a-t-elle tellement changé ? Les églises sont un peu moins fréquentées qu'aux siècles passés. Les soutanes bariolées ont disparu, les religieuses sont moins visibles. Des Américains en jeans sortent d'ateliers tout proches où ils sculptent le fer. De radieuses jeunes femmes aux cheveux longs, appartenant à la dernière ligue super-M. L. F., enfourchent de puissantes motocyclettes japonaises en invectivant des *carabinieri* calabrais, qui semblent soudain intimidés. Est-ce à dire que les Romains se fondent dans une nouvelle universalité ? Disons que cette ville est toujours un ton au-dessus, pour le meilleur comme pour le pire. Le classique le mieux conservé et le « in » dernier modèle s'y mêlent dans un fondu chatoyant. Soudain, nous sommes pris, et pour toujours.

Les satellites de Rome

Si l'on excepte Latina, moderne chef-lieu de l'Agro Pontino, ces marais Pontins asséchés qui sont le grenier de la capitale et qui n'ont pas d'histoire, les petites villes du Latium offrent des témoignages de ce que fut le double berceau des civilisations étrusque et romaine. Au nord de la capitale, Viterbe, Tuscania et Tarquinia sont des sites d'importance dans le grand silence d'une campagne tranquille, peuplée de paysans sereins que l'on voit encore à califourchon sur leur âne ou conduisant les bœufs à longues cornes qui tirent leur charrue. Viterbe cumule palais, églises et monuments, et on y remarque le quartier médiéval intact environnant la piazza San Pellegrino. Tuscania mérite aussi le déplacement, mais c'est surtout Tarquinia qu'il ne faut pas manquer. Capitale de l'Étrurie maritime, elle possède un musée presque aussi riche en art étrusque que celui de la villa Giulia, à Rome : on y admire d'extraordinaires chevaux ailés avant d'aller visiter la nécropole située à 4 km de la ville. L'église Santa Maria di Castello, qui date de 1121, enthousiasme ceux qui aiment l'art roman. Au sud-est de Rome, nous conseillons aux amateurs d'anciens monastères de gagner, après avoir visité la villa Adriana et Tivoli, la région de Subiaco, célèbre pour ses couvents bénédictins, avant de rejoindre l'abbaye cistercienne de Casamari et celle du Mont-Cassin (Montecassino), grand centre spirituel du haut Moyen Âge, fidèlement reconstruit après avoir été anéanti durant la dernière guerre.

▲
La haute muraille et les fines tourelles du palazzo Ducale, aujourd'hui galerie nationale des Marches, dominent l'enceinte de remparts qui ceinture la ville d'Urbin depuis le Moyen Âge.
Phot. Peuriot-Pitch

les Marches

Au nord-est du Latium, séparées de l'Ombrie par l'Apennin, les Marches, pauvres en folklore mais riches en personnalité, ont été de tout temps le réservoir de blé, de vigne, d'artistes et de soldats des États pontificaux. Si cette région, en bordure de l'Adriatique, n'a jamais possédé de centre capable de coordonner ses activités économiques, elle a donné à la péninsule son plus grand pape (Sixte Quint), son musicien le plus fameux (Rossini), son plus illustre poète (Leopardi), son meilleur peintre (Raphaël) et son architecte le plus fécond (Bramante).

Une ville oubliée, Italia, antique Corfinium, écrasée par les Romains, a fourni un nom qui survit à trois mille ans d'histoire. Les *condottieri* nés entre Ascoli Piceno et Rimini sont légion, et les châteaux fortifiés qui couronnent tant des collines peintes par Giovanni Bellini ont connu les Malatesta, les Verano, les Montefeltro, hommes de fer et de sang, tout comme ce Jean des Bandes Noires qui a laissé derrière lui une légende comparable à celle de Roland.

Au nord, Urbin (Urbino) fut longtemps la capitale d'un petit État central, florissant au XVe siècle, qui s'étendait de Gubbio à Senigaglia, de San Leo à Cagli. Ce centre fut sans aucun doute un phare d'humanisme, une pépinière d'artistes, de savants, d'administrateurs, de princes éclairés et de guerriers capables de tenir tête à Florence et à Venise comme aux envahisseurs étrangers, avant de s'intégrer aux États pontificaux par foi, puis à l'Italie par patriotisme. Aujourd'hui encore, Urbin, grâce à ses monuments, ses paysages, son aspect de vieille cité avec ses rues escarpées où flotte le souvenir des peintres Paolo Ucello, Piero Della Francesca et Raphaël, éclipse les villes de l'Ombrie voisine et témoigne du caractère archaïque, charmant et sauvage des Marches, qui n'est pas sans rappeler celui de la Toscane d'il y a un siècle.

Un proverbe local affirme qu'il vaut mieux avoir un mort dans sa maison qu'un Marchesan hostile devant sa porte. Cependant, la région regorge encore de monastères où l'hôte de passage est accueilli comme au Moyen Âge. La parole donnée a ici un sens réel et vaut un contrat signé. Les Marchesans se sentent si solidaires qu'ils ne se fréquentent qu'entre eux, considérant le reste de l'Italie comme un pays étranger. Un autre de leurs proverbes dit encore : « *Donne e buoi dei paesi tuoi* », que l'on peut traduire par : « Prends les femmes et les bœufs dans les Marches uniquement. »

Il y a quelques années, dans un pays où les voleurs sont rares, le trésor de Lorette, l'un des plus fabuleux de la Renaissance, fut volé. Les voleurs étaient venus de Milan, et personne, sur place, n'avait songé qu'une pareille richesse demandait à être protégée. Cette naïveté, due à

Histoire
Quelques repères

VIe siècle av. J.-C. : début de l'expansion étrusque dans le haut Apennin en direction de l'Adriatique.
IVe siècle av. J.-C. : début de la conquête romaine.
XIIe siècle apr. J.-C. : Ancône, ville libre.
XIIIe-XVe siècles : croissance de la puissance des Montefeltro dans les Marches.
1532 : annexion des Marches aux États pontificaux.
1860 : intégration à l'Italie.

une honnêteté foncière, a souvent été exploitée par le cinéma italien.

Du littoral marchesan, immense plage de sable fin et blanc, l'Italie a fait une zone touristique continue, allant du sud de Rimini à San Benedetto del Tronto. Au centre de cette côte, Ancône, capitale de la région, n'a jamais eu aucun lien avec l'arrière-pays, ni joué aucun rôle déterminant dans son développement. Fondée par les Grecs de Syracuse, c'est un port actif qui commerce avec la côte dalmate, les îles grecques, la Turquie et l'U. R. S. S.

Histoire
Quelques repères

VIIIe siècle av. J.-C. : développement de la mystérieuse civilisation italique.
470 : les Samnites montagnards s'installent dans la région.
349-299 : Rome en guerre contre les Samnites ; Sulla finit par les anéantir.
313 apr. J.-C. : début de la christianisation.
Haut Moyen Âge : anachorètes, cénobites ; installation des bénédictins, qui contrôlent toute la province.
Du XIIe au XIXe siècle : les Abruzzes sont gouvernées par les souverains des diverses dynasties qui se succèdent sur le trône de Naples des Normands aux Bourbons.
1140 : invasion des Normands.
1294 : Pierre de Morone, fondateur de l'ordre des Ermites de Saint-Damien (Célestins) à L'Aquila, est couronné pape sous le nom de Célestin V.
1860 : adhésion au royaume d'Italie.
1870-1945 : les Abruzzes restent une région oubliée.

▲
Sauvages, solitaires, les Abruzzes commencent à s'ouvrir au tourisme et offrent, aux flancs de l'Apennin, une nature rude, souvent grandiose, encore authentique.
Phot. Rousseau-Top

les Abruzzes et la Molise

Pour des milliers de jeunes Romains, les Abruzzes sont encore le pays des robustes nourrices et des petits pâtres qui viennent dans la capitale en costume régional, au moment des fêtes de Noël : ils jouent de leurs instruments de musique archaïques, reçoivent quelques piécettes et s'en vont. C'est aussi la région du Gran Sasso (2 914 m), où, à la fin de la dernière guerre, les carabiniers du roi gardèrent Mussolini prisonnier sur le toit de l'Italie jusqu'à ce que les S.S. d'Otto Skorzeny ne viennent en planeur le délivrer le 12 septembre 1943 pour le conduire, d'un nid d'aigle à l'autre, dans les bras de son compère germain Adolphe Hitler le 14.

L'absence presque complète d'industrie, une population dispersée et rude, venue, selon le professeur D'Aloysio, des plateaux d'Asie, des paysages grandioses et un folklore exceptionnel font aujourd'hui un paradis de nature des Abruzzes que les grands voyageurs et écrivains du passé évitaient soigneusement, par peur des brigands, du mauvais sort ou de l'inconfort des auberges. Rien de Stendhal ou de Goethe sur la région. Casanova, cet éternel errant qui est allé partout, a fui ce « paysage dantesque » dès le premier jour. Ramuz, écrivain valaisan, y a conçu sa *Grande Peur dans la montagne.* D'Annunzio, qui, comme Silone, naquit ici, s'en cacha toute sa vie : il était fait pour les îles Borromées. C'est peut-être pour toutes ces raisons que les touristes blasés de la fin du XXe siècle apprécieront ces « Rocheuses d'Europe », encore peuplées de loups et d'ours qui ne dévorent qu'un agneau par jour. Un plaisir singulier leur sera offert par les 300 km² du parc natinal des Abruzzes, où l'on traverse de grandes forêts de hêtres, au pas tranquille d'une mule placide, en caressant l'espoir d'apercevoir un lynx à l'affût.

◄
Cette fillette porte le costume féminin traditionnel des Abruzzes : coiffe en forme de turban et austère robe noire qui s'égaie, le dimanche, d'un pimpant tablier fleuri.
Phot. G. Viollon

▲
À l'orée du parc national des Abruzzes, le bourg de Scanno, enchâssé entre de hautes montagnes, attire amateurs d'air pur en été et skieurs en hiver.
Phot. Rousseau-Top

Des sommets de l'Apennin, ils peuvent contempler à la fois les plages de la mer Tyrrhénienne et celles de l'Adriatique, les provinces de Teramo, de Pescara, de Chieti, les lacs de Scanno, de Campo, de Tosto, semblables à ceux des hauts plateaux caucasiens.

Observer à la jumelle et photographier des chamois ou suivre une procession de charmeurs de serpents à Cocullo est peut-être plus important, dans les Abruzzes, que de visiter des églises. Il est également recommandé de parler avec les zoologistes de Pescasseroli, de visiter la riviera de Chieti, Carsoli et Veleno, de se rendre à Sulmona durant la semaine sainte pour assister aux mystères qui se donnent au temple d'Hercule, et d'aller flâner à Tocco Casaria, qui est un Saint-Paul-de-Vence inconnu des marchands de cartes postales.

Dans une lumière de sacre du printemps, il faut voir la grotte du Cavallone, le massif de la Maiella, les paysages variés de la province de L'Aquila et, dans la ville du même nom, les rosaces de l'église Santa Maria di Collemaggio. Parmi mille beautés, il faut citer la crypte de l'église Saint-Jean à Almavone et les thermes de Ceramanico, également connu pour son sanctuaire du *Pisciarello* (petit pipi), qui guérit les malades de la prostate, et pour sa *saltarella,* la danse locale. Peu de régions ont su mieux conserver leurs fêtes et leurs coutumes, parmi les tapis de laine, les crèches vivantes et les défilés de génies malfaisants.

Petite Suisse médiévale accolée à ce Caucase, au sud du fleuve Sangro, la Molise offre un paysage plus calme et des montagnes moins hautes. On y appréciera le tintement si doux des cloches de l'église Sant'Emidio, dans la jolie station estivale d'Agnone, comme le silence et les vestiges antiques de Pietrabbondante et de Sepino, les cités samnites qui furent les rivales de Rome. Sulla ravagea jadis ce pays comme un Attila romain, mais le vert pâle des oliviers de Venafro, les maisons d'or de Larino et les dentellières d'Isernia lui ont heureusement survécu, de même que le château de Montforte dominant Campobasso, la capitale : tableau jamais peint d'un romantique allemand inconnu... ■ Jean MARABINI

La république de Saint-Marin

À la lisière nord des Marches, Saint-Marin aurait été fondée au IVe siècle apr. J.-C. par un ancien tailleur de pierre nommé Marino. C'est un des plus petits États du monde avec 21 000 habitants et 61 km². Perché en nid d'aigle au sommet d'une montagne escarpée, il a toujours été républicain et indépendant, et a résisté, avec son drapeau bleu et blanc et sa « garde du Roc » composée de 120 soldats armés de hallebardes, aux attaques des envahisseurs européens comme aux combinazione *politiques de l'Italie, orfèvre en la matière. Saint-Marin conserve son ancien système politique médiéval, dirigé par l'Arengo, le Congrès d'État, le Grand Conseil et le conseil des Douze. Deux capitaines-régents, élus tous les six mois, entrent en fonction le 1er avril et le 1er octobre et exercent alternativement le pouvoir exécutif. La République maintient jalousement ses relations diplomatiques avec les pays étrangers. Elle attire de nombreux visiteurs par sa singularité, son hospitalité et son artisanat. Elle fut longtemps un refuge pour les opprimés politiques, qu'ils soient de gauche ou de droite, notamment pendant la Seconde Guerre mondiale et la période troublée qui suivit la libération de l'Italie.*

▲
Juchée au sommet d'un piton aigu, la Cesta, l'une des trois forteresses, réunies par un chemin de ronde crénelé, qui défendent la minuscule république de Saint-Marin.
Phot. P. Tétrel

L'Italie du Sud

Bouquet de fruits, de parfums, de monuments et de paysages grandioses, l'Italie du Sud occupe un tiers de la péninsule, le plus beau, peut-être le plus sauvage, assurément le moins connu et le plus pauvre. Tournée vers la Grèce et l'Afrique, sortie du Moyen Âge depuis moins d'un siècle, cette Italie méridionale n'aurait jamais dû rejoindre une Italie septentrionale qui a tant appris de l'Europe et avec laquelle elle n'a rien en commun.

Au cours des quinze derniers siècles, tout semble avoir contribué au retard de l'Italie du Sud. Bilan négatif qui contraste avec un glorieux passé, quand Phéniciens, Grecs et Romains faisaient de cette région, couverte de forêts entre l'azur profond de la mer et la neige des montagnes, une mosaïque de civilisations, placée à la croisée des chemins reliant l'Orient à l'Occident. Rome, la grande unificatrice, étant tombée, Arabes, Lombards, Byzantins et Vikings transformèrent, pour des siècles, l'Italie méridionale en champ de bataille. Par la suite, l'Allemagne, l'Anjou, l'Aragon, l'Espagne, l'Autriche et même la France ne firent qu'ajouter au brassage des peuples et des cultures du Midi péninsulaire, que nos voisins transalpins appellent *Mezzogiorno*.

Il faut attendre le XIXe siècle pour que s'amorce, dans le cadre de l'Unité italienne, un rapprochement dont on ne peut encore affirmer aujourd'hui qu'il est vraiment réussi. Depuis 1950, la réforme agraire, l'implantation de grands ensembles industriels, le développement des routes ont donné au Sud une possibilité de s'insérer dans la vie économique italienne. Le poids d'un passé féodal, d'une certaine Église, l'influence d'une aristocratie locale égoïste, l'emprise de sociétés secrètes comme la Mafia, au service de la grande propriété et de la spéculation immobilière, jouent contre le progrès. Les travailleurs du Sud ont trop souvent conscience d'être cent demandeurs pour une seule place !

Avec ses richesses touristiques fabuleuses, le Midi italien, qui fut le pays de la mythologie et des sirènes d'Ulysse, reste à la fois miséreux et splendide, comme ces palais de Caserta qui semblent complètement abandonnés sous un soleil de feu. Pourtant, à une époque où le monde industriel ne fascine plus tellement, l'Italie du Sud apparaît comme une terre habitée par des gens disponibles, authentiques. Toutes les agglomérations restent émouvantes, humaines, attachantes. Le religieux et le magique s'y mêlent au goût de la nature et des

▲
Paestum : au bord de la Via Sacra, le temple dorique de Neptune et le temple plus ancien appelé « basilique », vestiges d'une importante cité grecque.
Phot. S. Marmounier

▶
À Pouzzoles, au cœur de la région volcanique des champs Phlégréens, le jeu de loto est très apprécié.
Phot. B. et C. Desjeux

modes de vie simples, le dynamisme y côtoie la passivité. On y cultive un art millénaire du désespoir, mais on y aime aussi passionnément la beauté. Une beauté dont il faut apprendre à saisir le tragique sous-jacent, au-delà du sourire et de la gentillesse partout offerts.

la Campanie

« Pays de la continuité et de la mesure », disait de la Campanie le poète latin Martial, avant d'y tracer le portrait de son homme « sage » : « Des mœurs simples, un esprit libéral enclin à la tolérance, une saine acceptation de la vie comme de la mort... » Cette leçon se devait d'être donnée dans cette région de l'Italie méridionale, bordée par la mer Tyrrhénienne où la Grèce rencontra les Étrusques, les Samnites et Rome. Plus de 5651000 Campaniens vivent sur les 13595 km² que se partagent les provinces d'Avellino, de Bénévent, de Caserta, de Naples et de Salerne. De Mondragone à Pozzuoli, de la mer à Capoue, de la montagne à Paestum, leur cadre de vie est, en dépit du séisme de 1980, un de ceux qui ont le moins changé en Italie.

Les champs Phlégréens encerclant le Vésuve justifiaient jadis leur réputation de grenier de Rome. Ils fournissent aujourd'hui 10 p. 100 de la production italienne de céréales, de fruits, de légumes et d'agrumes. L'intérieur, bas Apennin classique, des monts Arunci au nord-ouest à celui de Cilento au sud-est, est pauvre. Descendant des hauteurs, les fleuves Garigliano, Volturno et Sele roulent des flots vert olive. Les trois grandes villes de l'intérieur : Caserta (la Versailles du royaume de Naples) et son célèbre parc, Bénévent au pied de sa forteresse lombarde, Avellino très éprouvée par le tremblement de terre, sont, elles aussi, un compromis entre monts et plaines.

C'est en Campanie que se trouvent les sols volcaniques les plus fertiles. Comme à l'époque des Césars, Pompéi, Herculanum, Paestum, la baie de Sorrente, les pentes du Vésuve, la baie de Naples, Capri sont vouées à l'abondance comme à l'agrément et attirent la présence de la flotte — galères ou porte-avions. La péninsule amalfitaine est le bouquet final de ce feu d'artifice de beauté. Une grande part de l'industrie de l'Empire romain était concentrée autour de Naples et de Salerne. Aujourd'hui, l'Italie y a implanté aciéries, cimenteries, industries mécaniques et raffineries de pétrole. Là où l'on fabriquait jadis les essieux des chars destinés aux courses de cirque à la Ben-Hur se sont installées les usines Alfa Romeo.

Les paradoxes de Naples

Naples elle-même, capitale de l'Italie du Sud, donnerait l'exemple d'une continuité exemplaire si elle n'était pas défigurée par une circulation délirante, un bruit infernal et une spéculation immobilière effrénée qui s'est surtout développée depuis un demi-siècle. « Voir Naples et mourir » : cet adage des romantiques est devenu une expression sardonique, vociférée par des Napolitains écœurés d'exposer leur vie et celle de leurs enfants dans les rues sans trottoir, où foncent aveuglément des automobilistes qui n'hésitent jamais à klaxonner en dépit des interdictions, et de vivre dans une cité compacte où le mont Vomero, naguère verdoyant paradis des pique-niques, est devenu un bloc de ciment.

Si, malgré cette frénésie, Naples est encore belle, elle le doit à son passé et à son écrin de mer et de montagnes. Le touriste y appréciera des monuments et des musées exceptionnels. Il comprendra rapidement que ce foisonnement humain et urbain est encore le centre culturel du Sud italien. Cependant, dès qu'il le pourra, il abandonnera la ville pour ses alentours. L'hôtellerie et la restauration napolitaines le savent si bien qu'elles pratiquent des prix nettement inférieurs à ceux de Venise, de Rome ou de Florence.

Histoire
Quelques repères

Moitié du VIIIe s. av. J.-C. : les Grecs fondent d'importantes colonies sur la côte.
IVe s. av. J.-C. : début de la conquête romaine.
Ve s. apr. J.-C. : fin de l'Empire romain d'Occident.
XIe s. : début de la conquête normande.
Du XIIIe au XIXe s. : la Campanie fait partie du royaume méridional italien sous domination étrangère.
1860 : Naples et le Sud italien conquis par Garibaldi en vue de l'Unité italienne.
1860-1864 : conflit entre Napolitains et Italiens, dit « guerre du Brigandage ».
1870 : la Campanie est intégrée à l'Italie.
1980 : un violent séisme ravage les environs de Naples, de Salerne et d'Avellino.

▶ *Étroites, pavoisées de lessive, dépourvues de trottoirs, les vieilles rues de Naples abritent une population grouillante, bruyante, débrouillarde et souvent misérable.*
Phot. Viard-Explorer

Le monde entier connaît la vue de Naples étalée, sous un ciel d'un bleu de chromo, à l'ombre d'un pin parasol et du Vésuve surmonté d'un petit panache de fumée blanche. Le pin a disparu, comme le panache blanc. Cependant, en montant à la chartreuse de San Martino, on a encore une vue d'ensemble assez comparable à cette image naïve. Les parcs sont absents, mais ni le soleil, ni la baie, ni le Vésuve... Il faut descendre de la vieille chartreuse par la via Horacio et la via Caracciolo, qui s'appelle ensuite via Partenope jusqu'au quartier Santa Lucia. C'est toujours, longeant la mer, l'une des plus somptueuses promenades du monde. Elle s'achève tout naturellement piazza del Municipio. Du haut des immeubles, un panorama « trois étoiles » : le port et la baie au milieu de laquelle est ancré un bateau de guerre ou un paquebot tout blanc. En tournant les yeux, on découvre les massives tours féodales du Castel Nuovo, le château angevin. Tout près, le Palais royal, la piazza del Plebiscito, l'église San Francesco di Paolo, le théâtre San Carlo. Peu de cités portuaires accumulent tant de merveilles en un espace aussi restreint.

Et ce n'est pas tout. Derrière ces deux châteaux (trois si l'on compte le Castel dell'Ovo qui s'avance dans la mer comme une flèche de pierre médiévale), vingt-huit églises sont groupées entre l'eau et la piazza Cavour comme une série d'impacts sur une cible. Elles sont toutes à visiter : le Duomo gothique (1294) ; l'église des Girolamini dont on admirera les bas-reliefs ; San Lorenzo Maggiore la gothique ; San Giovanni a Carbonara qui date de la Renaissance ; San Gregorio Armeno de style baroque ; San Domenico Maggiore, son crucifix miraculeux et ses stalles ; l'église du Gesù Nuovo ; Sant'Anna dei Lombardi et sa *Pietà* réaliste ; Santa Maria Donnaregina qui possède une fresque représentant Pétrarque et sa Laure ; l'aérienne Santa Barbara ; la luxuriante et populaire Santa Maria di Piedigrotta ; Santa Chiara et son cloître des Clarisses (un des plus beaux d'Italie). On n'en finirait pas d'énumérer les chefs-d'œuvre religieux groupés ainsi à peu de distance et souvent bien méconnus : San Pietro ad Aram qui date de l'an 600; Santi Sossio e Severino (900); San Gennaro et ses catacombes (IIe s. apr. J.-C.). Dans la cacophonie urbaine du vieux Naples, ces sanctuaires sont des oasis de silence, tous beaux comme des églises florentines.

◄

Charles III de Bourbon, roi des Deux-Siciles en 1750, fit élever à Caserta un immense palais qu'il fit décorer dans le style Louis XV chinois, en vogue à cette époque.
Phot. Bright-Rapho

▲

Après le port de plaisance, la via Caracciolo s'incurve, bordée d'immeubles de luxe, puis longe la Villa communale, un des rares jardins publics de Naples. Au loin, une brume de chaleur estompe la silhouette du Vésuve.
Phot. P. Tétrel

Dans cette concentration de splendeur, une place à part doit être réservée au Musée national (près de la piazza Cavour), qui offre un des panoramas les plus complets de la civilisation antique. Malraux disait de lui : « C'est mon musée anti-imaginaire. » On y découvre l'évolution de l'art, depuis l'Asie Mineure jusqu'aux peintures et aux mosaïques de Pompéi, en passant par une collection unique de statues grecques. Contrairement à ce qui se passe à Rome, à Delphes ou à Paestum, ces trésors ne sont plus à ciel ouvert, mais protégés par des murs contre les méfaits de la pollution.

Les grands voyageurs sont toujours attirés par Naples, parce qu'ils ont le sentiment de découvrir un monde à part et une humanité insolite. Comme les anciens Romains, ils voient dans Naples la patrie de l'anarchie, des irréguliers, des truands, des activités désintéressées, des loisirs individuels, de la vie considérée comme un art. Une ville grecque, et qui le demeura sous Rome et les modernes. Vingt-trois siècles ont passé, et l'empreinte de l'antique *Nea Polis* résiste encore.

Porta Garibaldi, mille personnes courent, hurlent, des enfants sont piétinés. Une émeute ? Un défilé de chômeurs ? Non ! l'arrivée d'un tramway illégal surnommé « l'usurpateur ». Sur le corso Umberto, à l'heure de la sieste ou le dimanche, tout est calme. Entendez par là que tout le monde se précipite comme si le Vésuve crachait du feu. Les Fiat homicides et impatientes klaxonnent dans un embouteillage inextricable, les *mamas* autoritaires giflent leurs gosses, les avocats pleins de morgue se toisent, canne à la main. Ce n'est pas un quartier populaire. Simplement bourgeois, universitaire, tranquille. Il faudra revenir le lundi pour que le *corso* s'anime vraiment, et pousser jusqu'au vieux quartier de Spaccanapoli pour voir vivre les vrais agités du petit peuple. Naguère, celui-ci se dispersait en démonstrations spectaculaires. Il arrivait, par exemple, qu'il se mît à massacrer l'étranger (l'Italien) pour un oui ou un non. Vétilles ! Naples était encore dans Naples, on reconnaissait ses constantes : soleil écrasant et maisons sombres, religiosité quasi idolâtre et irrévérence sardonique, foi du charbonnier et cynisme revenu de tout, vol et générosité, volupté et ascétisme mystique, douceur de vie et engourdissement de l'intelligence et de la volonté.

Que reste-t-il de tout cela après plus d'un siècle de domination italienne ? L'indifférence, l'incrédulité, le cynisme. On reprochait aux Napolitains leur ignorance : ils sont maintenant éduqués. Cela permet à presque tous les Napolitains d'affirmer : « Il ne se passa rien — ou presque rien — dans notre histoire jusqu'au jour où notre destin fut scellé dans l'Unité italienne. Celle-ci fut une erreur. Nous vivions mieux avant, sous le bon roi Ferdinand. »

Passivité politique, créativité artistique

À la passivité politique qui a caractérisé Naples dans le passé s'oppose son évidente créativité artistique. La ville profite du style gothique importé par les princes angevins. Au XIIIe et au XIVe siècle, peintres et sculpteurs accourent de toute l'Italie. Ils ont nom Simone Martini, Pietro Cavallini, Bertini et Camaino. L'arrivée des Aragonais, en 1442, apporte peu, alors que, en Italie du Nord, c'est le plein épanouissement de la Renaissance. Pendant que les Espagnols construisent de nouveaux monuments lourds, massifs, d'une sombre beauté, les Napolitains se passionnent pour les peintres lumineux des Flandres. C'est, là encore, un paradoxe caractéristique. D'un côté, des maîtres bardés d'armures, aux épées pesant quarante kilos ; de l'autre, un petit peuple moqueur, léger, naïvement religieux et profondément anarchique, sans travail, « enghetté » dans ses *quartieri*, qui meurt de faim et d'épidémies. Il n'a guère la force de se soulever qu'en 1667, sous la conduite de Tomaso Aniello, un jeune marchand de poissons. Louis XIV, comme le fera plus tard Bonaparte, envoie une flotte pour aider les premiers révolutionnaires « parthénopéens ». (Selon la légende, Naples aurait été fondée par les Grecs sur le sanctuaire de la sirène Parthénope.) Cela s'achève par de féroces représailles.

Mais le temps de l'oppression est aussi celui où le baroque napolitain envahit la cité, la rue (on le retrouve aujourd'hui dans les gestes des Napolitains). Il se manifeste de façon éclatante avant que le Caravage ne s'impose dans la capitale du Sud et ne provoque la naissance d'une grande école allant de Caracciolo à Preti, d'Andrea Vaccaro à Stanzioni, Fracanzano, Cavallino. José de Ribera lui-même, peintre espagnol, puise son inspiration dans le dramatique caravaggien et napolitain, comme Salvatore Rosa et Luca Giordano qui sont, eux, deux grands talents purement locaux. Leurs toiles — mêlées à d'autres chefs-d'œuvre — sont exposées à la galerie nationale de Capodimonte, au centre d'un beau parc. L'école donne plus tard Solimena, D. A. Vaccaro et surtout Sanfelice au XVIIIe siècle. Ces artistes exubérants, à la fois architectes, peintres et décorateurs, ont un tempérament très théâtral. Sanfelice, notamment, avec ses voûtes, ses arcs, ses perspectives délirantes, est à Naples ce que Palladio est à Venise ou Piranèse à Rome.

Au génie de Sanfelice succède le règne des Bourbons. Eux, au moins, sont aimés du peuple. Les idées généreuses de la Révolution française, bien accueillies par les intellectuels, sont violemment rejetées par ces « petits Vendéens » (Murat) à cause de leur caractère antireligieux et antimonarchique. Murat, roi de Naples, est fusillé en 1815. Il n'en a pas moins tracé de belles artères (celles du Posillipo, de Capodimonte), créé l'Observatoire et le conservatoire de San Pietro a Maiella. « Avant lui, c'était la terreur jacobine. Après lui, il ne reste que la terreur entre l'eau salée et l'eau bénite. » Belle phrase, qui explique que l'opéra bouffe soit originaire de Naples, au même titre que les castrats, puisqu'il n'est pas encore convenable, à cette époque, que des femmes chantent en scène. *« Zitto, zitto »* (*« Piano, piano »* dirait le Barbier de Séville), Rossini se prépare, et Garibaldi n'est pas bien loin non plus.

Plongée dans la vieille ville

Garibaldi entre à Naples avec ses « chemises rouges » le 7 septembre 1860. L'unificateur de l'Italie, après avoir obligé l'évêque à liquéfier le sang de San Gennaro (saint Janvier), ce qu'il se refusait à faire, remet la cité à Victor-Emmanuel II et aux Piémontais. Ces Nordistes ne comprendront rien à une ville qui se compose à 90 p. 100 de *bassi* (bas-quartiers) où s'entassent tant de miséreux capables de prendre les armes parce que le miracle annuel de la liquéfaction du sang de leur saint national ne s'est pas effectué dans les règles. Une « guerre de sécession » va se dérouler entre Napolitains et Italiens de 1860 à 1864.

Il n'est pas étonnant que Naples ne se relève pas de cette tragédie. La population désœuvrée émigre en Amérique ou « s'arrange » pour vivoter sur place. Le premier port d'Italie pour

◄
Naples : les tours massives du Castel Nuovo, construit au Moyen Âge par le comte d'Anjou, alors roi de Naples, encadrent un arc de triomphe Renaissance, érigé par les Aragonais pour commémorer leur victoire sur les Angevins.
Phot. P. Tétrel

►
Pompéi : vu du temple d'Apollon, le Vésuve semble aussi inoffensif qu'en l'an 79 de notre ère, quelques heures avant qu'il n'engloutisse la cité sous un linceul de cendres brûlantes.
Phot. P. Tétrel

les passagers, la troisième ville d'Italie pour la population bat tous les records pour le chômage et les épidémies. Un Napolitain sur cent y effectue un travail régulier. Ce n'est qu'au milieu du XXe siècle qu'un effort sérieux est entrepris par l'État pour créer des industries. N'importe! 1 200 000 Napolitains continuent de vivre mal, exaspérés par la spéculation immobilière, le bruit, la circulation, les scandales, les privilèges.

Le vieux port de Naples est pourtant bien pittoresque avec ses restaurants où l'on déguste la soupe de poissons en écoutant des guitaristes qui ressemblent à Tino Rossi jeune. Tous les visiteurs de la promenade du bord de mer ont admiré, sur son îlot, le Castel dell'Ovo si caractéristique, vieille forteresse mi-normande, mi-angevine, élevée à une époque bien antérieure à Vauban. Cependant, si l'on veut avoir une représentation plus exacte de la ville, c'est encore et toujours entre la piazza del Municipio et le Duomo qu'il faut s'attarder, en s'écartant cette fois des églises et du Musée national pour plonger dans les rues inquiétantes qui les enserrent. Ici s'étend Spaccanapoli (de *spaccarre*, couper), isolé au centre de la ville, parmi les *rettofile* (fils droits), les avenues secondaires. Depuis les pentes du Vomero, la colline de Naples, jusqu'aux environs de la gare, c'est le vieux quartier avec ses cours imposantes, ses façades décrépites, ses rues mal pavées et mal éclairées, ses rez-de-chaussée où l'on aperçoit des vieux faisant la sieste dans leurs lits de fer monumentaux. Dans le brouhaha sonore de ces logis ouvrant à même la rue, les enfants se battent autour de la mère qui prépare le repas sous une image de la Vierge éclairée d'une bougie. Dans une pièce de dix mètres carrés, on couche à onze sur des grabats. Les carabiniers n'osent pas s'aventurer dans cette Naples populaire, éternelle, qui bouillonne à un mètre à peine des camions, des Vespas, des Klaxons. Partout, la lessive festonne en mille rideaux de couleur, qu'il faut soulever pour avancer parmi les détritus. Partout, des petits marchands de beignets, de fèves, d'entrailles de poisson cru, de tentacules de pieuvres. Le tracé de ce vieux Naples correspond exactement à celui de la cité gréco-romaine, au *decumanus* en damier de la cité antique. Naples dans *Nea Polis*, ou les vestiges habités, le passé retrouvé.

La vie quotidienne de Pompéi

De la colline du Pausilippe à la presqu'île de Sorrente se déploie la jolie courbe de la baie de Naples, rehaussée par le Vésuve. Il faut s'en approcher ou s'en éloigner par mer, dans le mauve ou l'orange du couchant, quand l'air qu'on respire avec un intense sentiment de bonheur devient soudain léger comme au premier jour de la création. Voguer vers Capri et Ischia, l'île verte, dans un bleu profond pailleté de poudre d'or, c'est s'embarquer pour Cythère. En longeant la côte, au nord, vers Pozzuoli (Pouzzoles) et le cap Misène, ou, au sud, vers Amalfi, c'est la plus illustre vitrine de l'Italie que l'on passe en revue. Serrées entre les monts, accrochées à leurs corniches vertigineuses, voici Sorrente, Positano, Atrani, Ravello, visions inoubliables.

Mais la première grande étape de ce prestigieux itinéraire sera Pompéi, ensevelie sous les cendres, le 24 août 79 de notre ère, par une éruption du Vésuve. Pline le Jeune mentionne le fait dans sa correspondance avec Tacite. Mais, sans lire celle-ci, il suffit de pénétrer dans Pompéi pour tout savoir sur la vie quotidienne dans l'Antiquité. Sans cette « nuée sombre effrayante et fondant sur elle », cette ville de 25 000 habitants serait passé inaperçue. Le cataclysme dont elle fut victime a dressé un fabuleux portrait des mœurs, des commodités, des inconforts et des aspirations artistiques des hommes qui y vivaient. Nous connaissons leurs passions, leurs soucis politiques, leurs goûts alimentaires, leurs façons d'amasser de l'argent, d'aimer, de vendre des marchandises, d'aller au restaurant ou au théâtre. Ces hommes vivaient dans l'écrin fermé de leur ville, qui constituait tout leur univers. Émus, nous contemplons leurs débits de vins, leurs gymnases, leurs caricatures murales, leurs panneaux électoraux. Nous cheminons dans leurs rues, sur des dalles creusées par les roues de leurs chars. Nous pénétrons dans des demeures à demi obscures, où l'ocre de la peinture murale domine, pour tout connaître de la vie de famille dans une maison romaine. Nous apprenons comment étaient réparties les pièces dans l'habitation, comment la société urbaine se divisait en patriciens, marchands, cultivateurs et esclaves.

Nous visitons le forum, la maison patricienne des Vettii, un immeuble de rapport, les thermes — ceux des hommes, ceux des femmes —, le temple d'Apollon, le lupanar, l'antiquarium (musée), le grand et le petit théâtre, la rue de l'Abondance, la maison d'Epidius Rufus, les boutiques, la maison du Lararium, celle du Cryptoportique, celles encore de Ménandre et de Trebius Valens, l'école, la demeure de

Les colonnes de l'immense forum de Pompéi, souvenirs des portiques, des temples et des bâtiments civils où se déroulait la vie religieuse, politique et commerciale de la ville.
Phot. B. et C. Desjeux
▼

▶
Protégées par une gangue de poussières pétrifiées, les fresques de Pompéi ont conservé une étonnante fraîcheur. Ici, scène d'initiation au culte dionysiaque. (Villa des Mystères.)
Phot. Scala

▲
Pompéi, temple d'Apollon : ce buste en bronze de Diane est une copie, l'original est au musée de Naples.
Phot. J. Bottin

Proculus, celle de Loreius Tiburtinus, la villa de Julia Felix. Encore un amphithéâtre, d'où l'on aperçoit au loin, au-delà des édifices, la ligne des montagnes vaporeuses, les têtes courbées et mouvantes dans le vent des pins parasols, la lumière blonde sur les cultures, autour de cette agglomération où les corps saisis par la mort en quelques secondes sont encore là, pétrifiés dans leur dernier geste.

Des heures délicieuses à Capri

On oublie également le temps à Capri, en parcourant les ruelles chaudes et étroites de l'île, de Marina Grande à Marina Piccola. Il faut y aller sans emploi du temps défini, et découvrir, au hasard de la promenade, la villa Jovis, l'une des douze résidences que Tibère s'était fait construire dans l'île, ou encore Punta Tragara, un promontoire d'où l'on découvre le trio rocheux des Faraglioni, ancien lieu de culte à la Magna Mater, la mère sacrée de la Méditerranée, gardé aujourd'hui par les seuls lézards bleus d'Europe.

De la petite cité de Capri, on monte à Anacapri pour cheminer par la strada di Migliara vers la pointe occidentale de l'île et le phare. La villa de l'écrivain médecin Axel Munthe donne bien aux touristes la mesure de la passion suscitée par Capri au cœur des artistes du monde entier. Ils visiteront le mont Solaro, que l'on gagne en télésiège d'Anacapri, pour découvrir l'île dans son entier, le golfe, la presqu'île de Sorrente, Naples, Ischia, la côte amalfitaine. S'ils sont courageux, ils redescendront à pied, parmi les vignes et les vergers. D'Anacapri à Capri, il est préférable d'éviter l'escalier phénicien, qui tombe en ruine. Une

▲
*Pompéi : la maison du Faune, dont la statuette décore l'*impluvium*, bassin recueillant les eaux de pluie au centre de la cour intérieure* (atrium) *sur laquelle ouvraient les pièces d'habitation.*
Phot. Lawson-Rapho

plongée dans la lumière féerique de la grotta Azzurra (grotte bleue), ou dans celle de grottes moins célèbres mais déjà connues des Romains, sera l'occasion d'un hallucinant bain de mythologie, d'un voyage vers Hadès ou les Néréides.

Mais on savourera aussi le temps consacré à boire à petites gorgées un café ou un apéritif sur la piazza Umberto I, entourée de maisonnettes-joujoux, de minuscules ruelles voûtées, entre les haies de bougainvillées de la capitale.

Ischia, île verte aux odeurs de soufre, ne sent pas, comme Capri, les pins et les fleurs. C'est un point sur l'I de la péninsule de Pozzuoli, dont elle est séparée par l'île miniature de Prócida, où Lamartine connut Graziella, l'aima et en tira un poème en prose. À Ischia, des navires blancs déversent sans cesse des milliers de Nordiques assoiffés de soleil. Cette île justifie les rêves nés des dépliants touristiques. Elle possède des plages infinies, une mer toujours chaude, un ciel perpétuellement bleu, des maisons et des hôtels enfouis parmi les oliviers et les vignes. Les rues y sont si étroites qu'on y circule de préférence en fiacre, derrière un cheval coiffé de paille, ou en tricycle.

◄

En baie de Naples, le bourg de Prócida, dans l'île du même nom, entasse ses maisons comme des cubes autour de la Terra Murata, couronnée par le dôme de l'église San Michele.

Phot. Thomas-Explorer

◄

Au pied du clocher de San Stefano, la toute petite piazza Umberto I est le cœur de Capri, « capitale » de l'île fameuse.

Phot. P. Tétrel

▲
Ischia : le promontoire de Sant'Angelo, terminé en point d'orgue par un piton escarpé, s'insère entre deux baies également bleues.
Phot. P. Tétrel

►
Agrippée à la montagne qui plonge à pic dans le golfe de Salerne, Ravello domine de 374 m le littoral, frangé de criques et de plages, de la côte amalfitaine.
Phot. B. et C. Desjeux

Vertige sur la Grande Corniche

De Sorrente à Paestum, le trajet est balisé par le seul silence. La presqu'île verdoyante de Sorrente est un havre de paix : oranges et citrons y tissent une sorte de toile pointilliste en rehaussant la verdure de leurs couleurs solaires éclatantes. Pergolas et jardins paradisiaques s'accrochent partout, autour de vastes hôtels confortables où la place ne manque jamais. La ville de Sorrente elle-même a un charme vieillot avec ses fiacres, ses Anglaises sorties d'un roman d'Agatha Christie, le souvenir romantique de Walter Scott, de Verdi, de Musset, de Wagner.

Plus loin, vers Amalfi, il ne faut pas avoir le vertige. C'est dans l'âpreté des falaises sculptées par une écume bouillonnante, du haut d'un belvédère dominant une corniche vertigineuse, que l'on découvre Positano, bourg marin fondé naguère par les habitants de Paestum et dont les maisons disséminées parmi les palmes évoquent un aspect oublié du mode de vie méditerranéen. Amalfi, ancienne concurrente de Pise et de Venise, escalade la colline avec ses demeures aux façades laiteuses : on pourrait l'appeler la « Ville blanche » si ce nom n'était réservé à Alger. Une toute petite ville blanche, en vérité, mais qui n'en fut pas moins la première république maritime d'Italie grâce à l'aiguille magnétique et au code nautique qui resta en vigueur pendant des siècles.

Au-delà d'Amalfi, en direction de Salerne, la Grande Corniche n'en finit pas de se contorsionner en mille courbes, à des hauteurs vertigineuses, laissant apercevoir de petits golfes isolés où se nichent des communautés

◀
Pouzzoles, qui fut un des plus grands ports de l'Antiquité, a conservé, à l'écart de ses sources sulfureuses et de ses installations industrielles, une petite flottille de pêche.
Phot. B. et C. Desjeux

▲
Installée au sommet d'une falaise verticale, au-dessus des jetées de sa Marina Grande, Sorrente est un magnifique balcon sur le golfe de Naples.
Phot. J. Guillot-Top

dont le total des habitants et des barques se situe entre vingt et quarante. La montagne et la mer s'affrontent ici en une sorte de combat homérique, symbolisé par un îlot rocheux qui, au temps d'Ulysse, selon *l'Odyssée*, était peuplé de sirènes. Après ces images étincelantes, ces bouillonnements, ces franges d'écume, voici les paysages plus calmes de la vallée du Dragone, avec leurs églises de village aux coupoles couvertes de céramiques bariolées, rappelant que, de tout temps, on commerça ici avec le monde arabe et la Sicile, d'où cet art arabo-sicilien. On aperçoit la petite cité de Scala, accrochée à un roc. D'Atrani, un des ports de pêche féeriques du littoral, une route grimpe vers Ravello, séjour tranquille, recherché des esthètes du monde entier.

Paestum, ville grecque

Et c'est maintenant la descente vers Salerne, ville active et port de commerce, dominée par un château. Au-delà, la route file parmi les vignes vers Paestum. Soudain, l'antique *Poseidonia* se révèle dans la plaine du Sele. Il est recommandé d'y arriver au soir, comme Ovide, pour sentir le parfum des roses et apercevoir « les temples droits comme des doigts de jeune fille avant qu'ils ne s'empourprent au couchant une dernière fois ». Goethe considérait Paestum comme le sommet de son voyage en Italie. Chateaubriand affirmait que, après avoir vu Paestum, il était inutile d'aller en Grèce ou en Sicile. Les trois temples doriques, intégrés dans un admirable ensemble urbain, ont en effet le mérite de nous restituer lisiblement le visage d'une ville grecque, jaillie de l'Antiquité et préservée par le temps, n'ayant pas été recouverte de constructions modernes comme Naples ou Tarente. De la porta della Giustizia à la porta Aurea, la Via Sacra longe la piscine, le gymnasium, les sanctuaires de Neptune et de Cérès, la basilique, le forum. Les touristes les plus pressés feront bien de réserver trois ou quatre heures pour faire, à pied, le tour du mur d'enceinte, admirer le parfait classicisme grec du temple de Neptune (14 colonnes sur la longueur, 6 sur la largeur), visiter le musée et la tombe dite « du Plongeur », avec la « scène des amants », la représentation du banquet et le passage du défunt dans la mort. Ce cycle pictural appartient aux chefs-d'œuvre de l'humanité. Un simple trait, d'une pureté extrême, y définit les silhouettes avec une exactitude, une verve et une expression charmantes.

Les temples d'Héra à *Poseidonia* furent-ils fondés, à l'origine, par Jason? La légende se mêle à la réalité, mais on sait de façon certaine qu'Héra, protectrice des marins, était ici l'objet d'un culte. Saluons ce lieu de mouillage déjà connu deux mille ans avant Jésus-Christ, cette région qui fut le pays des Sybarites, des Lucaniens et des Héllènes avant de devenir Paestum, fidèle politiquement à Rome et architecturalement à la Grande-Grèce. Infestée par la malaria, la ville fut abandonnée vers le VIIIe siècle et disparut lentement au milieu des bois et des marécages jusqu'au XVIIIe siècle, où des fouilles furent entreprises. Une madone inconnue tient une grenade dans la main, mêlant ainsi — bouleversant raccourci — le culte d'Héra à la liturgie chrétienne.

la Basilicate

La Basilicate (9992 km² et 618000 habitants), appelée naguère Lucanie, est à cheval sur l'Apennin. Pays de montagnes et de collines, marqué par l'érosion et la sécheresse. Pour l'écrivain italien Carlo Levi, *le Christ s'est arrêté à Eboli*, en Campanie, abandonnant les habitants de la Basilicate à leur misère. Le temps a passé depuis l'époque où Mussolini déportait les contestataires comme Levi dans cette région déshéritée. Toute pauvre qu'elle est, archaïque et analphabète, la Basilicate est un des pays les plus passionnants d'Italie, même si elle n'a guère de monuments et de villes à visiter. C'est un monde magique aux admirables chants funèbres, véritables *Iliades* spontanées que les paysannes arrachent de leur cœur et de leurs entrailles à la mort d'un époux

Histoire
Quelques repères

1300 av. J.-C. : la région est occupée par les Lucaniens, qui lui donnèrent son premier nom de Lucanie.
VIIIe s. av. J.-C. : les Grecs arrivent à leur tour.
270 av. J.-C. : des colonies romaines s'installent.
XIIIe s. apr. J.-C. : brève floraison culturelle sous Frédéric II de Souabe; révolte contre la domination de Charles Ier d'Anjou.
1925-1945 : la Basilicate est une terre de déportation.
1950-1970 : timide tentative d'industrialisation; plantation d'agrumes dans la plaine de Metaponto, propice aux cultures.
1980 : Potenza et les villages environnants sont ravagés par un séisme meurtrier.

▲ *Un escalier monumental conduit au Duomo roman d'Amalfi, dont la façade, polychrome, est précédée d'un porche large et profond.*
Phot. B. et C. Desjeux

▲ *Le long du golfe de Salerne, entre la mer et le monte Alburno, dans une plaine plate et solitaire, le champ de fouilles de Paestum, fondée par les Grecs au VIIe s. av. J.-C.*
Phot. B. et C. Desjeux

ou d'un fils, aux étranges *sassi* de Matera, grottes habitées dont on a extirpé les malheureux troglodytes pour les reloger dans des habitations modernes sans pour autant résoudre leurs problèmes.

Ce monde douloureux, sur lequel s'est encore acharné le séisme de 1980, est sans doute la matrice d'une Italie non chrétienne, épique et violente, dont on trouve la trace en Sicile et autour des *nuraghi*, ces forteresses-refuges indissociables du paysage sarde. Récemment encore, on y a signalé des occupations de terres abandonnées par des paysans affamés, qui ne demandaient qu'à semer et à recueillir le fruit de ces récoltes improvisées. Aujourd'hui, on exploite le méthane à Ferrandina, on tente de cultiver les très petits lopins de plaine disponibles, mais c'est encore bien peu. Tandis que la Pouille se développe beaucoup, la Calabre un peu, la Basilicate reste pratiquement stagnante.

▲
À demi bâtis, à demi creusés dans la roche tendre de la colline, les sassi *de Matera sont progressivement abandonnés par les troglodytes, qui y trouvaient un gîte plus pittoresque que confortable.*
Phot. Fiore

Raison de plus pour la traverser, pour admirer ses forêts où vivent encore des ermites. À Matera, à Potenza et à Metaponto, les musées présentent les premiers acquis de fouilles qui en sont encore à leurs débuts, mais se révèlent néanmoins prometteuses. Enfin, on y découvre quelques vestiges grecs, romains et médiévaux.

La Lucanie tenait son nom des Lucaniens, conquérants de la première Paestum. Son nouveau nom de Basilicate vient de Basilikos,

▲
En Calabre : pratiquement à sec la plus grande partie de l'année, le Stilaro n'est qu'un fleuve de cailloux qui serpente entre des collines pelées.
Phot. Garanger-Sipa Press

gouverneur byzantin du XIe siècle. Frédéric II de Souabe a cependant fait plus pour cette terre, qu'il aimait et qu'il administra au XIIIe siècle, que tous ses prédécesseurs. Grâce à lui, elle connut une brève floraison de centres culturels et artistiques, dont il subsiste quelques traces. Après la mort de l'empereur germanique et le bref passage de son infortuné petit-fils Corradino, Potenza, la capitale, et d'autres villes se révoltèrent contre les nouveaux maîtres angevins, ce qui provoqua des massacres. Depuis, la Lucanie, ou Basilicate, fut abandonnée à elle-même jusqu'à la très récente réforme agraire. Ici, comme l'écrit Carlo Levi, « rien n'est arrivé, ni l'Italie, ni la Renaissance, ni l'industrie. Il ne reste qu'un Moyen Âge à découvrir dans ces paysages intacts ».

la Calabre

On sait peu de choses sur l'histoire de ce bout du « pied italien » (15 080 km² et 2 131 000 habitants) jusqu'au VIIIe siècle avant J.-C., où il devient une partie de la Grande-Grèce. Réggio, Metaurum, Sybaris, Locri dominent la politique, tandis que Crotone est la capitale culturelle. Toutes ces cités fleurissent avant de tomber sous la coupe du tyran de Syracuse, puis sous celle des Romains, Normands, Souabes et autres Européens qui dominent l'Italie du Sud. La suite appartient à l'histoire récente. Les Calabrais émigrent en Amérique ou travaillent dans l'administration ou la police italiennes, comme les Corses en France. Plus récemment, ils « montent » vers l'Italie du Nord ou se rendent en Suisse ou en Allemagne, où ils sont employés dans l'hôtellerie. Pourtant, dans les trois provinces de Catanzaro, Réggio di Calábria et Cosenza, à l'extrémité sud de l'Italie péninsulaire, une chance leur est offerte avec un nouveau départ vers l'industrie, une agriculture en progrès.

La beauté de leur pays est si évidente qu'elle devrait projeter très vite les Calabrais hors de

▲
Dans la province de Catanzaro, musiciens et danseurs s'apprêtent à célébrer, par une danse traditionnelle, la vaillance proverbiale des Calabrais.
Phot. Fiore

l'ombre. Il semble que Dieu ait créé la Calabre en assemblant des fragments de divers continents. Ses côtes se développent sur une longueur de 750 km. Elles sont hautes et rocheuses le long de la mer Tyrrhénienne, plates et sablonneuses sur la mer Ionienne. Cependant, à l'ouest comme à l'est, la mer est bleue, transparente, non polluée. La montagne n'est jamais bien loin. À près de 2000 m d'altitude, dans la neige, on aperçoit les plages éblouissantes de soleil qui frangent les deux mers, celles de la « Côte de Jasmin » à l'est, celles de la « Côte Violette » à l'ouest. Mais, partout, les massifs de la Sila et de l'Aspromonte, que hantent encore parfois les loups, rappellent que l'homme y triomphe difficilement de la nature.

Les pêcheurs d'espadon à Bagnara Cálabra

L'histoire a laissé en Calabre des traces profondes. C'est ici qu'a fleuri la civilisation de la Grande-Grèce, dont les témoignages abondent à Sybaris, Locri, Crotone et Réggio di Calábria. La «diaspora» byzantine survit encore dans les monuments de Rossano, Gerace, Stilo et Santa Severina. Après son long isolement, la Calabre est aujourd'hui reliée au reste de l'Italie par l'autoroute du Soleil. Mais, pour y accéder, les chemins les plus agréables restent ceux de la mer, car on peut ainsi faire connaissance avec des centaines de petits ports, dominés par des châteaux forts dont certains évoquent les anciennes forteresses libanaises.

Sur ces 15000 km² d'argile verte mouchetée de violet, la nature concentre ses charmes comme sur la Côte d'Azur ou l'archipel japonais. Sur la côte, les roses fleurissent en décembre ; dans la montagne, la neige tombe en juin sur les genêts. Les touristes devraient aborder la Calabre en abandonnant l'autoroute à Scilla, qui tire son nom du monstre mythique qui, dans *l'Odyssée,* surveillait l'entrée du détroit et la plage des Sirènes, et visiter à loisir la Riviera calabraise, la *Chianelea,* le château du prince Ruffo, le petit port de Saint-Roch, Bagnara Cálabra connue pour les costumes de ses femmes, qui sont parmi les plus beaux d'Italie, et pour un sport particulièrement apprécié : la pêche à l'espadon.

Ils monteraient aussi au monte Sant' Elia, à pic sur la mer, d'où l'on jouit d'une vue spectaculaire sur le détroit et les îles Éoliennes, et sur l'Aspromonte — Garibaldi y fut fait prisonnier par les Piémontais en 1862 —, qui ferme presque entièrement la province en poussant ses contreforts jusqu'au littoral. L'exotisme et la solitude font de tout ce pays un enchantement, une merveilleuse source d'inspiration qui attend encore son Gauguin.

Histoire
Quelques repères

VIIIe s. : av. J.-C. : fondation de Sybaris, Crotone, Metaurum.
511 av. J.-C. : guerre entre Sybaris et Crotone.
IVe s. av. J.-C. : les armées de Syracuse passent le détroit de Messine et dominent la région; les Bruti *(Bruttiens), peuple italique, descendent du Nord.*
IIIe s. av. J.-C. : Rome s'installe en force.
VIe apr. J.-C. : résistance victorieuse des Byzantins à l'invasion lombarde.
1053 : victoire normande sur les forces pontificales.
Du XIe au XVIIIe s. : royaume napolitain.
1862 : bataille d'Aspromonte, où Garibaldi est blessé; la Calabre va devenir italienne.
1880-1910 : séismes dans tout le sud du pays, ravageant notamment Réggio di Calábria (1908).

◄ *Chapeautées de tuiles rondes, les coupoles byzantines de la Cattolica veillent, depuis le Xe siècle, sur le bourg calabrais de Stilo, blotti au pied du monte Consolino.*
Phot. P. Tétrel

Histoire
Quelques repères

708 av. J.-C. : les Spartiates de Laconie fondent Taras, qui deviendra Tarente.
400 av. J.-C. : les cités messapiennes en guerre avec Tarente.
282 av. J.-C. : les Romains interviennent et songent à s'emparer de Tarente; les Tarentais font appel à Pyrrhus, qui vient d'Épire à leur secours.
275 av. J.-C. : les victoires de Pyrrhus sur Rome coûtent très cher, et les Grecs sont finalement battus à Bénévent; c'est au tour des Romains d'entreprendre la conquête de l'Apulie (nom romain de la Pouille), qui fut interrompue pendant les guerres puniques.
202 av. J.-C. : victoire de Rome sur Carthage, à Zama; les Romains contrôlent enfin l'Apulie.
88 av. J.-C. : fin de la guerre sociale; l'Apulie est désormais prospère, et la via Appia Antica fait de Brindisi la tête de pont de Rome vers l'Orient.
IIIe s. apr. J.-C. : apparition du christianisme.
Du VIe au XIe s. : les Byzantins envahissent la région, suivis des Lombards; conquête de Brindisi et de Tarente par les musulmans; les Byzantins contrôlent de nouveau l'arrière-pays.
V. 1043 : constitution du comté normand de Pouille.
Du XIe au XIIIe s. : domination normande; les ports sont en relation avec Venise; la Pouille devient une escale sur la route des croisades.
1220-1250 : âge d'or de la Pouille, sous les Hohenstaufen.
1266 : Charles Ier d'Anjou, maître du pays.
1442 : arrivée des Aragonais.
1559-1714 : domination espagnole.
1714-1734 : domination autrichienne.
1734-1799 : Bourbons d'Espagne.
1799-1815 : domination française.
1860 : fin des dominations étrangères; la Pouille devient italienne.

la Pouille

« La Pouille est d'abord le talon de l'Italie, un talon étayé par une tige remontant jusqu'au bas mollet, qui ne l'empêcherait pas d'être celui d'Achille », a dit l'écrivain Ignazio Silone, passionné par tout ce qui concerne les *cafone,* les paysans pauvres du Midi italien. Le rapide développement de la Pouille depuis le partage de l'Italie en régions et le programme de développement intensif de l'industrie et de l'agriculture dans le Midi fera peut-être vieillir très vite cette observation.

Au nord, autour de Fóggia, s'étendent une immense plaine céréalière et de riches pâturages. Plus au sud, où, il y a vingt ans, la misère sévissait partout, 40 p. 100 de la population active se consacre désormais à l'agriculture. Sur le plan industriel, l'aménagement du triangle Bari-Brindisi-Tarente constitue, lui aussi, l'une des expériences les plus intéressantes du développement du Midi italien, dont la production annuelle d'acier est d'ores et déjà de quelque 10 millions de tonnes.

Prise entre l'Adriatique et la mer Ionienne, la Pouille compte 5 provinces (Bari, Fóggia, Brindisi, Lecce et Tarente), qui totalisent 19348 km² et 4005000 habitants. La population est formée d'une mosaïque de peuples italiques, grecs, crétois, turcs, arabes et albanais; ces peuples vivent selon leurs coutumes comme dans l'Antiquité ou presque, faisant de cette région un fabuleux microcosme de civilisations, fascinant pour l'ethnologue.

Indépendamment de l'intérêt qu'elle présente pour les amateurs de sciences humaines, la Pouille constitue, en raison de sa situation géographique, une des têtes de pont de l'histoire. Peuplée dès l'âge du bronze, elle était florissante à l'époque gréco-romaine. Sa longue épopée débute vers 708 av. J.-C., avec les colons spartiates qui fondent *Taras,* laquelle devint Tarente. Les Romains font de Brindisi le port d'embarquement de leurs légions en route vers la Méditerranée orientale et l'Asie Mineure. La région est ensuite le «point de chute» de Byzance dans la péninsule, puis le fief des Normands, avant de servir de relais essentiel sur la route des croisades et de base de départ pour

► *Décorée avec exubérance, la basilique Santa Croce est l'un des monuments qui valent à Lecce le surnom de « Florence du baroque ».*
Phot. Scala

toutes les expéditions vers le Levant. Plus près de nous, elle s'affirme comme le foyer intellectuel du Midi italien au XIXe et au XXe siècle avec le philosophe et historien Benedetto Croce et ses disciples.

L'éperon de la botte

De ce mouvement vers les lumières et la pensée moderne, Bari, la « ville neuve » qu'avait déjà su favoriser Murat, est le moteur. C'est une cité (365 000 habitants) qui a toujours vécu audacieusement et commercialement. Plaque tournante des affaires en Méditerranée, elle voit s'installer chaque année la traditionnelle foire du Levant. Mais la ville nouvelle ne doit pas faire oublier la vieille ville, avec ses ruelles serrées autour de la basilique San Nicola, qui abrite les reliques du saint, dérobées par les Bariotes en 1087 à Myra, en Asie Mineure.

De Bari, ville-damier qui rappelle Manhattan avec ses maisons à air conditionné, on remontera vers le nord-ouest jusqu'à l'« éperon de la botte » (Sperone d'Italia), le promontoire du Gargano qui est une Irlande locale, verdoyante à rendre jaloux les Irlandais... Ou bien on descendra vers Alberobello et ses *trulli*, des constructions en forme de ruches, à base ronde ou carrée et à toit conique, fait de pierres plates empilées, qui semblent bâties pour loger *Blanche-Neige et les sept nains.* On traversera la région sauvage des Murges, ses genêts, ses landes peuplées de fées, on visitera dans la brume ou sous la pluie Castel del Monte, rendez-vous de chasse de Frédéric II et château « byronien » de Manfred, le fils légitimé que l'empereur fit roi de Sicile, avant d'atteindre Brindisi ou Tarente, qui rappellent que Celtes, Normands, Saxons et Transylvaniens ne sont pas les seuls à avoir façonné ces paysages de rêve et parfois de terreur. Ainsi, après s'être rendu à Santa Maria di Leuca, le *finis terrae*, le bout de l'Europe, le cap des tempêtes, un décor pour *Frankenstein,* où errent les âmes de millions de pèlerins, il faudra achever le voyage à Lecce, la capitale artistique d'un pays inattendu et envoûtant, d'un Sud toujours blond et grisant. La vieille ville de Lecce regorge de pierres chaudes, de balcons ouvragés, autour de sa jolie piazza Sant'Oronzo. Dans cette cité aristocratique, dont les habitants cultivent leur élégance naturelle et un humour très subtil, on passe des marais et des châteaux hantés à un décor d'opéra. Florence du baroque, Lecce est un joyau qui reste à découvrir. Tant mieux ! découvrons-le ■

Jean MARABINI

▲ *Station balnéaire, centre de pêche à l'espadon, Bagnara Cálabra s'étage des premiers contreforts de l'Aspromonte à la mer Tyrrhénienne.*
Phot. P. Tétrel

▶ *Tortueuses, coupées d'escaliers, les ruelles d'Alberobello sont bordées de* trulli, *curieuses maisonnettes blanches à hauts toits coniques faits de pierres plates savamment disposées.*
Phot. Rousseau-Top

Les îles italiennes

L'Italie insulaire ne connaît pas les dimensions moyennes qui caractérisent, en Méditerranée, les îles espagnoles, grecques ou turques : on y passe des poussières du type Trémiti en Adriatique, ou de l'îlot de Ponza à peine visible sur une carte, à la Sardaigne et à la Sicile, géantes par leurs dimensions tant physiques qu'historiques. C'est à peine si les Éoliennes et le semis toscan qui entoure l'île d'Elbe sont dignes d'être mentionnés comme des archipels. Les Égades, les Pelagie, Ustica, Pantelleria sont les petites lunes de la planète Sicile.

Naines ou géantes, les îles italiennes ont beaucoup à offrir et excitent l'imagination. C'est pour avoir chassé en Robinson solitaire dans l'île de Montecristo qu'Alexandre Dumas a conçu son chef-d'œuvre. Napoléon a fait de l'île d'Elbe un petit royaume d'opérette. Il existe dans les Éoliennes, autour de Lipari, de grandes Capri sauvages qui sont l'apanage des chèvres. Sicile et Sardaigne, mondes complets, repliés sur leurs civilisations particulières, exercent un puissant pouvoir de fascination. Selon nombre d'écrivains qui y ont vu le jour, tels Pirandello et Sciacca, un voyage aux îles constitue, en même temps qu'un pèlerinage aux sources de la beauté, un fabuleux dépaysement.

la Sicile

À l'écart de l'Afrique, de l'Italie et de l'Europe, la Sicile, un peu plus grande que la Sardaigne avec ses 25 708 km^2, est peuplée par 5 084 000 Siciliens. Trois civilisations — phénicienne, grecque et romaine — l'ont initiée à l'histoire. Elle a ensuite subi Byzance durant trois siècles, les Arabes et les Normands pendant trois autres siècles. Ces visiteurs l'ont marquée à jamais de ses trois couleurs dominantes : or oriental, blanc musulman, gris nordique. Jusqu'à l'heure italienne, son sol a vu déferler Souabes, Angevins, Aragonais et Bourbons. Décidément marquée par le chiffre trois,

▲
Près de Frazzano, dans les monts Péloritains, l'église San Filippo date du XIe siècle, époque où des rois français, venus de Normandie, occupaient le trône de Sicile.
Phot. Desjardins-Top

▲
Taormine : à l'occasion de la fête du Char sicilien, au début du mois de juillet, les petits chevaux de l'île sont parés avec une somptueuse fantaisie.
Phot. Loirat-C. D. Tétrel

▲
À l'écart de la grande route côtière qui relie Messine à Taormine, dans la montagne, la bourgade d'Itala est perchée sur un piton conique couronné d'une basilique romane.
Phot. Desjardins-Top

▲
Une des rues étroites d'Érice, au pavage quadrillé mêlant dalles et galets polis par l'usure.
Phot. Loirat-C. D. Tétrel

la *Trinacria* (« la terre aux trois pointes » pour les Hellènes) possède trois façades maritimes, trois chaînes de montagnes et trois grandes vallées.

Au milieu de tant d'eau, beaucoup de sécheresse. Celle-ci n'est pas immédiatement perceptible, car il existe deux Sicile, la riche et la pauvre, la luxuriante de la côte, fréquentée par les touristes, et celle de l'intérieur, aride, aveuglante, gercée de ravins et de coulées de

◄
Un paysan de Leonforte, aux environs de la ville d'Enna, en plein cœur de la Sicile.
Phot. Loirat-C. D. Tétrel

pierre. Sur la Sicile pauvre, pas une fleur, pas une maison, pas un arbre entre les pitons brûlés sur lesquels se sont juchés des villages prudents. La malaria y a sans doute disparu, mais pas l'austérité. Avec ses tons soufrés, africains, cette terre-là est étrangère à la mollesse, au luxe de Taormine. Ses mœurs demeurent patriarcales, cruelles ; une partie de sa population a dû émigrer en Amérique pour échapper à la faim ; les femmes, vite fanées, y sont vêtues de noir. Les hommes ne connaissent pas les bienfaits que procurent les amandiers de Messine, les vignes de Marsala, les complexes pétrochimiques d'Augusta, les industries mécaniques de Catane, les orangers de Palerme. Parmi leurs pierres, il n'y a encore que des cactus, des fèves, un peu de blé, du soufre, du sel gemme et de la potasse. Étrange triangle que cette Sicile, avec sa façade maritime qui a bénéficié d'un grand essor industriel, son arrière-pays steppique et, dominant le tout, fécond, colossal, le massif de l'Etna!

Cet ensemble prodigieux est divisé en provinces, dont les chefs-lieux, éparpillés autour de Palerme, la capitale, sont Agrigente, Caltanissetta, Catane, Enna, Messine, Raguse, Syracuse et Trápani. Les Phéniciens ont cultivé ici l'art de la navigation, les Grecs l'architecture, les Arabes la poésie. Tous ensemble, ils ont élaboré sur cette terre la plupart des sciences

▲
Très peu peuplée parce que très pauvre en eau, la Sicile intérieure offre de larges horizons vallonnés, au charme un peu mélancolique.
Phot. Loirat-C. D. Tétrel

dont les Romains n'ont fait qu'hériter. La pierre normande, l'or byzantin, le noir espagnol vinrent ensuite s'intégrer au marbre grec, au corail arabe, au porphyre sémitique. La mosaïque sicilienne est faite de toutes ces composantes. Quelle figure complexe ! Ici, il faut toujours tenir compte des bâtisseurs de Segeste, d'Archimède jouant avec ses miroirs, de Gélon faisant rôtir ses victimes, des trois cents mosquées qui s'élevaient autrefois à Palerme, des nymphes qui hantent encore Syracuse, sans oublier la Mafia, les paysans, un peuple industrieux, une élite intellectuelle hardie. Sur cette terre bénie, on trouve partout des marionnettes représentant des guerriers terribles qui parlent de Roland, de Charlemagne et de la forêt de Brocéliande !

Telle est la Sicile, multiple et radieuse, où se heurtent aujourd'hui le goût des traditions et le désir légitime de vivre avec son temps.

Histoire
Quelques repères

VIIIe siècle av. J.-C. : début de la colonisation par les Grecs et par les Phéniciens de Carthage.
413 av. J.-C. : les Grecs de Syracuse écrasent les forces d'Athènes; début du déclin d'Athènes.
264 av. J.-C. : Rome tente d'arbitrer à son profit le conflit entre Syracuse et Carthage; elle s'empare de Syracuse en 212 av. J.-C.
535 apr. J.-C. : Bélisaire annexe la Sicile à l'Empire byzantin.
902 : l'île devient arabe.
1061 : les Normands s'emparent de la Sicile, qui passe à la maison d'Anjou en 1250.
1282 : Vêpres siciliennes. Début de la domination aragonaise et espagnole.
1713-1860 : Maison de Savoie, Habsbourg et Bourbons de Naples.
1860 : Garibaldi chasse les Bourbons; la Sicile est annexée à l'Italie.
1948 : création de la région autonome de Sicile.

Taormine, un balcon sur la mer

Le contact avec la Sicile se fait généralement à Messine ou à Palerme. Messine, avec ses maisons basses qui s'aplatissent par crainte des tremblements de terre, fut un centre commercial important. Elle reste la gardienne du détroit, large de 3 km, que les navires franchissent entre le tourbillon de Charybde et le rocher de Scylla, redoutables embûches tendues depuis l'Antiquité par un dieu colérique.

À l'écart de ce grand boulevard maritime, Taormine, balcon donnant sur la mer, face au sommet enneigé de l'Etna, apparaît comme un paradis raphaélique pour anges botticelliens. Le poète anglais Byron et le romantique allemand Henri Heine ont rivalisé de louanges, au XIXe siècle, sur ce site incomparable. Le « suprême de l'œil » est offert au théâtre grec, sans doute l'une des sept merveilles du globe. Huysmans, à qui l'on demandait de définir le génie hellène, répondit : « C'est d'avoir choisi le décor de l'Etna et de la mer Ionienne pour y installer l'un des plus beaux théâtres du monde, celui de Taormine. »

Cette sensation de perfection, on la retrouve au théâtre grec de Syracuse, mais dans un cadre, une dimension tout autres : alors que Taormine a 11 000 habitants, Syracuse — « la plus belle ville du monde grec » selon Cicéron — en compte 121 000. Aller de l'une à l'autre, c'est passer d'un monde d'esthètes sophistiqués au brouhaha populaire d'une grande métropole méridionale contemporaine. Dénominateur

▲
Dans un site exceptionnel, perchées sur une terrasse au-dessus de la mer Ionienne, les ruines du théâtre grec de Taormine, face à la pyramide enneigée de l'Etna.
Phot. Arepi

commun à la petite cité précieuse et à la grande rivale d'Athènes et de Rome : l'élément liquide, qui enserre ces deux villes jaillies de l'onde comme Vénus.

En quittant Taormine par le bord de mer, on traverse Catane, la cité « au-dessous du volcan », bouillonnante d'activité : industries électroniques, derricks pétroliers, usines de méthane, grandes entreprises commerciales et agricoles en font à la fois la capitale d'une Ruhr et d'une Beauce siciliennes.

De Catane, visage moderne et dynamique de l'île, l'antique *via Etnea* conduit tout droit au volcan dont les grondements font vibrer la ville. Du refuge Sapienza, où l'on peut coucher, on atteint en funiculaire et à pied, après trois heures de voyage dans la nuit, le sommet du géant de 3 340 m qui, chaque année, change de bouche éruptive pour cracher des gerbes de feu et des laves incandescentes. Les Anciens disaient de l'Etna : « C'est le domaine de Vulcain », et les chrétiens : « C'est l'enfer ». Le monstre, dont on compte 135 grandes éruptions (la dernière date de 1961), est si massif que, lorsque le soleil se lève derrière l'Aspromonte italien, illuminant Taormine, un immense triangle d'ombre s'étend sur toute la Sicile.

Syracuse, métropole grecque

Après le feu, l'eau : après Catane, Syracuse. L'îlot d'Ortygie, sur lequel s'implanta la première ville grecque de Sicile, est — avec Athènes, sa sœur ennemie — le berceau de l'Europe. Comme une nymphe moderne, une mouette venue de la toute proche Tripolitaine y plonge, épuisée, dans la fontaine d'Aréthuse ; ici, mythologie et réalité se confondent...

Trois des quartiers grecs — Achradine, Tukha, Epipoles — ont disparu sous les oripeaux de la Syracuse moderne, mais Ortygie, la « Citta vecchia », a conservé bien des vestiges du passé, et Neapoli déploie au soleil un prodigieux ensemble de ruines grecques et romaines. Une grande civilisation ne s'épanouit que dans un cadre approprié. L'éclosion de cette cité dans l'histoire — éclosion dont on mesure l'impact au musée archéologique de la villa Landolina — ne peut s'expliquer que dans ce site prédestiné. C'est là que devait être tentée l'unification de la Grande Grèce. Eschyle et Pindare n'y ont pas vécu par hasard, pas plus qu'Archimède. Il s'en fallut d'un cheveu que le génie de ce mathématicien ne mît Rome en déroute en incendiant ses navires à l'aide de miroirs concentrant l'énergie solaire. Même mort, Archimède fait crier : « Eurêka ! J'ai trouvé ! » à ses vainqueurs. À Syracuse, ils vont découvrir la Grèce, la civilisation, tout ce qui leur permettra de conquérir le monde...

C'est à pied — ou en fiacre — qu'il faut circuler dans les ruelles de la Citta vecchia pour se rendre aux ruines du temple d'Apollon, visiter les vingt palais baroques de la piazza del Duomo (le Duomo abrite un chef-d'œuvre d'Antonello da Messina, le Raphaël du Sud italien) et du quartier espagnol, flâner dans les ruelles d'Ortygie, se promener au bord de la mer jusqu'au castello Maniace. C'est également à pied que l'on visite les ruines de Neapoli, les latomies où le tyran Denys épiait, dit-on, grâce à l'acoustique de sa fameuse et colossale « oreille » de granite, les conversations des prisonniers enfermés dans les cavernes gigantesques creusées par les pics et les scies des bâtisseurs.

Après avoir erré dans l'amphithéâtre romain, on aboutira enfin au théâtre grec. Comment le décrire ? Rappelons seulement que, en cet endroit, Eschyle donna la première des *Perses* en 472 av. J.-C., et qu'Épicharme « inventa » la comédie. Amoureux de Rome, de Florence, de Venise, ne négligez pas leur lointaine mère syracusaine : le soir, à la promenade, la foule qui déambule entre la piazza Pancali et la piazza Archimede, dans la Citta vecchia, est vieille de trois mille ans. Elle a la dignité des spectateurs de la tragédie grecque, la beauté plastique des guerriers de la grande flotte qui a coulé ici, vaincue dans les eaux toujours limpides du port.

Le rapt de Proserpine

De Raguse à Gela, pays de Déméter, lové au pied de son acropole comme une petite Athènes surchargée de sphères et de tours à la Carzou, on mesure ce que l'industrialisation et le pétrole peuvent faire d'une fille de Rhodes, cité mère d'Agrigente. On aura peut-être exploré, au sud de la route Raguse-Gela, les plaines où des paysans, qui se souviennent encore de la grande armada anglaise venue les libérer de Mussolini et de Hitler, cultivent melons et agrumes. On aura peut-être aussi galopé à cheval, sans rencontrer quiconque, sur les plages infinies, non polluées, de la côte la plus méridionale d'Europe.

Abandonnant le littoral, remontons vers le cœur de l'île par Piazza Armerina, célèbre par sa villa romaine du Casale, si joliment pavée de mosaïques que, malgré ses dimensions réduites, elle fait oublier un instant Pompéi.

Poussons ensuite jusqu'à Enna, la ville située à égale distance des trois côtés du triangle sicilien. Son socle granitique portait jadis une statue géante de la déesse Cérès, dorée comme le blé dont elle était le symbole. De cette dévotion, Enna a conservé le culte des céréales, qui semblent pousser toutes seules sur des dizaines de kilomètres, sans cultivateurs visibles, comme par un nouveau miracle de la déesse. Il fait une chaleur accablante, la campagne est déserte. Au loin brille le lac de Pergusa, où Pluton était censé avoir enlevé Proserpine, rapt qui symbolisait, pour les Anciens, la disparition annuelle de la végétation. Lorsqu'on emprunte la via Roma jusqu'aux six tours du castello di Lombardia, le belvédère d'Enna, on a le sentiment d'une visite au château de la Belle au bois dormant. Enna se dépeuple, Enna se meurt. Dans le Duomo, vide lui aussi, on découvrira sous la chaire, non loin de la belle abside gothique, un épi de blé sculpté dans le marbre.

▲
Toujours en activité, l'Etna, le plus grand volcan d'Europe, entrecoupe ses redoutables éruptions de périodes de somnolence, où il se contente de cracher d'inquiétantes fumerolles.
Phot. Loirat-C. D. Tétrel

▲
À la fois carrières et prisons, les latomies de Syracuse, d'où les vaincus extrayaient les pierres avec lesquelles les vainqueurs bâtissaient leur ville, sont en grande partie à ciel ouvert et transformées en jardins.
Phot. Boujard

D'Enna à Agrigente, en passant par Caltanissetta, c'est la Sicile du soufre, mi-arabe, mi-grecque, d'un jaune sale. Agrigente? Il faudrait l'aborder par la mer, en venant des îles Pelagie — Lampedusa, Linosa, Lampione —, plus proches de la Tunisie que de la Sicile. Pénétrer dans Agrigente (l'*Akragas* des Grecs) par la spirale de la ville moderne, qui s'enroule autour de la via Atenea, ne restitue pas immédiatement, à cause des lourds balcons, des belles rues tortueuses et des portails normands, le paysage élégiaque évoqué par Pindare. Le passé, vous le découvrez des fenêtres des maisons donnant sur la mer. À vos pieds, voici le plateau antique, dressant ses colonnes parmi les amandiers et les pins.

Agrigente, c'est, d'une part, une ville haute, grouillante de vie, et, d'autre part, une ville basse, morte, hantée de spectres antiques. La première appartient à nos contemporains; la seconde à Zeus, Hercule, Déméter, Castor et Pollux, dont les monuments se profilent sur le ciel étoilé, figés pour l'éternité. Il est essentiel d'établir ce premier contact avec respect, de loin et la nuit, avant de descendre, le lendemain matin, dans la vallée des Temples. On visitera d'abord le Musée archéologique national, l'abbaye de San Spirito, puis l'église San Nicola dans le quartier hellénisto-romain, au-delà duquel commence la vallée proprement dite. Celle-ci abrite une vingtaine de sanctuaires, tous des joyaux, depuis les ruines du temple de Déméter jusqu'aux quatre gradins et au péristyle de 34 colonnes intactes du temple de la Concorde. Où trouver mieux? Sur l'acropole d'Athènes? À Paestum? Voici l'autel des sacrifices, le sanctuaire de Junon lacinienne, à l'extrémité de la crête rocheuse, près de la mer. D'ici, on imagine bien l'arrivée des Crétois, venus pour créer, puis des Carthaginois, amenant la mort et la destruction.

▲ *Sauvé de la destruction par les chrétiens, qui en firent une église, le temple de la Concorde est le mieux conservé des sanctuaires grecs d'Agrigente.*
Phot. Loirat-C. D. Tétrel.

Un lever de soleil à Segeste

Les ruines grandioses de Sélinonte, que l'on rencontre en s'avançant vers la pointe occidentale de la Sicile, constituent, avec le temple et le théâtre de Segeste, plus au nord, les postes avancés du monde hellénique dans la partie africaine de l'île. Qu'il s'agisse du site de Sélinonte, solitaire, couvert de céleris sauvages, bercé par le ressac de la mer, ou des 36 colonnes doriques de Segeste, dominant la région du golfe de Castellammare, rien n'est plus émouvant que la confrontation entre ces deux centres, farouchement ennemis au Ve siècle av. J.-C., abandonnés depuis. Il faut assister au lever du soleil sur le temple de Segeste, intact, «debout», lorsque les premières abeilles bruissent autour des agaves, et contempler Sélinonte en morceaux, à terre, au coucher du soleil, quand passe sur la mer un grand rayon orange. Là vivaient les mystérieux peuples des abeilles et du céleri dont parle Pindare.

Plus à l'ouest, nous arrachant à la fascination antique pour nous plonger dans la mythologie moderne, Castelvetrano évoque la mort mystérieuse du bandit Salvatore Giuliano, et Marsala le souvenir de Garibaldi débarquant, le 11 mai 1860, avec ses mille «Chemises rouges», pour une épopée qui s'acheva avec l'Unité italienne. Rouge comme le corail que l'on recueille abondamment ici, rouge comme le tissu des tuniques garibaldiennes, rouge comme le vin local, telle pourrait être la couleur de cette Sicile sarrasine, soucieuse de créer des grands ports comme Marsa el-Allah, le «port de Dieu», ou d'apprendre aux paysans à bien cultiver leurs vignes. On retrouvera les traces de sa sagesse à Trápani, qui fait davantage penser au Liban qu'au Maghreb et possède un musée exceptionnel ainsi que de très belles églises. S'il fait trop chaud à Trápani, on montera à Érice, l'antique *Eryx* phénicienne, agréable villégiature d'aspect médiéval et centre culturel important.

En face de Trápani, à l'extrémité occidentale de la Sicile, le petit archipel des Égades séduit par un aspect sauvage et des eaux transparentes. Paradis de la pêche au thon, les îles sont dominées par d'anciennes forteresses, hérissées de réseaux de filets. De Trápani, on gagne Palerme par Alcamo, que les Arabes baptisèrent Alkamouk, et Monreale, dont le Duomo normand (prodigieux ensemble de mosaïques d'or des XIIe et XIIIe s. et cloître superbe) domine la Conca d'Oro palermitaine.

▲
Son isolement au milieu de collines sauvages fait du temple inachevé de Segeste un des monuments les plus émouvants que nous ait légués la civilisation hellénique.
Phot. Limot-Rapho

▲
Palerme : dans le quartier de la cathédrale, les étalages du marché à la brocante sont protégés de l'ardeur du soleil par des stores tendus un peu partout.
Phot. Loirat-C. D. Tétrel

Palerme, une Babylone eurafricaine

La Conca d'Oro (Conque d'or), c'est l'ancien Croissant doré. Voici, parmi les fruits et les fleurs de ce que les califes de Constantinople appelaient la « terre promise », ce que Goethe considérait comme « la plus belle ville arabe du monde » : Palerme, phénicienne par ses origines, romaine par droit de conquête, musulmane par son passé, allemande grâce à Frédéric II, espagnole après des siècles de vice-rois. Française aussi par les princes d'Anjou et par le sang versé au cours des Vêpres siciliennes, qui virent l'extermination de tous les Français présents dans l'île, repérés parce qu'ils ne savaient pas prononcer le mot *carbonaro.* Pourquoi ce massacre ? Le prétexte en fut que, le lundi de Pâques 1282, à 5 heures du soir, un soldat natif d'Orléans avait attenté à l'« honneur » d'une jeune Palermitaine.

Mais, dans la capitale sicilienne, l'art recouvre très vite la cruauté, et c'est une pléiade de monuments que nous admirons : l'église de la Martorana et ses mosaïques byzantines sur fond d'or ; San Cataldo, qui garde la pure beauté des lignes primitives et des coupoles orientales ; San Giovanni degli Eremiti (Saint-Jean-des-Ermites), toujours surmontée de ces rouges coupoles hémisphériques qui rappellent l'islām. Ce sont les Sarrasins qui édifièrent le palais des Normands sous la forme d'une forteresse dotée de tours. Les Normands en firent une résidence royale et y ajoutèrent un pur joyau : la chapelle Palatine. Dans le même style arabo-normand, riche, orné, les environs recèlent le Duomo de Cefalù, les mosaïques de Monreale, le parc royal d'Altofonte, les plus beaux palais qui firent naguère les délices des souverains : la villa Tasca, la Favorite, la Cuba, le château de la Zisa, dont le nom signifie « splendide »...

Parmi les cent églises et châteaux de la région palermitaine, rappelons San Francesco d'Assisi, Sant'Agostino, le palais Chiaramonte, et les châteaux de Cáccamo, Trabia, Castelbuono, Carini, Solonte, Giuliana, qui témoignent de la vitalité des nobles siciliens du XIIe siècle, rivalisant de splendeur et de violence pour s'emparer du pouvoir.

Pendant la Renaissance, Palerme s'embellit d'églises et de palais où fusionnent le style gothique espagnol et les traditions arabo-normandes. Parmi ces trésors, le palais Abatellis, où est installée la Galerie nationale de Sicile, le palazzo Aiutamicristo (« Aide-moi, Christ ») aux lignes vigoureuses, l'église Santa Maria della Catena.

Le XVIIe siècle destine églises et palais aux processions solennelles, aux couronnements, et les conçoit pour recevoir avec faste empereurs et souverains. Désormais, nous entrons dans l'orbite espagnole, dont la magnificence s'exprime à Santa Caterina et à San Giuseppe dei Teatini, exemples frappants du style baroque accumulant marqueteries de marbres, stucs et peintures. San Domenico, panthéon des « grands » de l'île, assure la transition entre le XVIIe et le XVIIIe siècle. C'est l'époque des célèbres stucs *(puppi)* de Serpotta, qui déroulent leurs guirlandes de figures féminines, notamment dans l'oratoire de Santa Zita et dans celui de San Lorenzo. Chaque ville italienne parvient à son zénith avec un artiste : Michel-

▶
Palerme : plus mauresque qu'européenne, avec ses coupoles rougeâtres et son entourage de palmiers, l'église San Giovanni degli Eremiti est bordée d'un petit cloître intime, foisonnant de verdure.
Phot. Loirat-C. D. Tétrel

Double page suivante :
Le port de pêche de Cefalù se blottit au pied du rocher dont la masse imposante domine la ville.
Phot. Loirat-C. D. Tétrel

▶
Enjambant la rue qui longe une vaste esplanade bordée de balustrades et de statues, deux grandes arcades en ogive relient la cathédrale de Palerme à son clocher, auquel s'appuie le palais archiépiscopal.
Phot. Loirat-C. D. Tétrel

▲
Beaucoup des hôtels baroques de Palerme sont aujourd'hui délabrés, mais d'autres sont toujours habités par les familles princières qui les firent construire. (Palais Ganci : portail.)
Phot. Loirat-C. D. Tétrel

Ange, Palladio ou Pergolèse... Serpotta, lui, atteint les confins du génie sicilien.

Le XVIIIe siècle est d'ailleurs une période brillante pour l'art insulaire. De nombreux artistes italiens séjournent à Palerme, et les nouvelles demeures rivalisent avec les plus belles résidences princières d'Europe. Ainsi, le palais Ganci, dont les salons en enfilade aboutissent au célèbre salon des Glaces, dont on assure ici qu'il éclipse celui du Grand Trianon de Versailles. C'est l'époque où les aristocrates palermitains jonchent la Conca d'Oro de villas princières, de la plaine des Colli à Bagheria. L'une d'elles sert de décor au *Guépard* du grand écrivain local Lampedusa, porté à l'écran par Luchino Visconti. D'autres maisons sont plus luxueuses encore : la Butera, la Valguarnera, la villa Inguaggiato, San Cataldo, Mazzarino, San Marco, etc. Elles sont peuplées de statues dont certaines, comme celles de la « maisonnette » du prince de Palagonia, représentent d'étranges Maures, des mendiants, des bossus, des nains, des dragons ou des serpents.

À ces mille palais correspondent mille parcs et jardins. Le plus fastueux est encore le Jardin botanique, qui réunit à peu près toutes les plantes de la planète. Aux touristes qui voudraient vivre la vie des princes palermitains, nous conseillons la villa Igiea, d'architecture mauresque, devenue un palace de renommée internationale, donnant sur le golfe, le promontoire du mont Pellegrino et la Conca d'Oro. Il faudrait plus d'un mois pour connaître Palerme, dont un dicton sicilien un peu emphatique affirme qu'elle vaut dix Florence. Trois journées au moins devraient être consacrées au seul centre de la ville, autour du carrefour des Quattro Canti (Quatre-Coins), de la piazza Pretoria à la piazza Bellini. On s'y promènera le soir, sous les illuminations, pour y admirer les pans coupés arrondis qui forment un bel ensemble de style baroque, les statues des saintes protectrices de la ville et des rois d'Espagne, les fontaines figurant les saisons. Dans un autre registre, une curiosité, assez terrifiante celle-ci : les catacombes du couvent des Capucins, où quelque 8 000 cadavres, habillés et bien conservés, sont alignés, figés dans des postures diverses.

Ville de rêve et parfois de cauchemar, telle est Palerme, héritière de toute la grandeur et de tous les défauts de la Sicile, tiraillée entre la splendeur du passé et les exigences du présent. Ville marquée par la contradiction, où des églises précieuses s'insèrent dans des quartiers misérables, où des palais princiers côtoient de vastes et impersonnels ensembles d'H. L. M.

Un secret au bord de la mer

La douceur du climat ne réussit pas toujours à faire oublier les activités des sociétés invisibles, mais omniprésentes, qui dirigent la cité, contrôlent le marché immobilier, fixent les règles du commerce, de la promotion sociale, de la politique !

À Palerme, la police et la magistrature elles-mêmes dépendent de l'« honorable société » (la Mafia). Créée naguère pour proté-

◄
Le Duomo de Monreale est décoré d'un étonnant ensemble de mosaïques à fond d'or, dont la facture pleine de vie et de mouvement évoque davantage le style romain que le style byzantin.
Phot. Scala

ger la population contre les Espagnols et les Français, la Mafia est devenue un syndicat de possédants désireux de conserver leurs privilèges, mais que déstabilise l'action vigoureuse menée contre elle par l'État italien.

Chef-lieu, avec ses 719 000 habitants, de la région autonome de Sicile depuis 1948, Palerme s'est agrandie, industrialisée, administrée selon la loi secrète des *mafiosi* et non selon celle du gouvernement italien. Cependant, malgré ce régime très spécial, Palerme a conservé ses traditions, sa beauté, une certaine façon de rester libre. En quittant la ville après avoir visité la belle plage de Mondello, la région des Madonie, les baies, les promontoires, les centres comme Términi Imerese et Piana degli Albanesi, la ravissante petite île d'Ustica, à 67 km en mer, dont les maisons sont décorées de fresques racontant les secrets de la ville engloutie d'Osteodes, escaladons une des collines voisines pour contempler une dernière fois Palerme voluptueusement étendue entre le mont Pellegrino et le cap Zaffarano, avec le vert de ses figuiers, les taches dorées de ses fruits, le polygone sombre de ses Quattro Canti, le rouge de ses coupoles... « Un moment de douceur sur un lac d'infini », soupire une héroïne des *Mille et Une Nuits* à son sultan. De quoi veut-elle parler ? S'agit-il de Bagdad ou de la Conca d'Oro, à 200 km au moins de l'île de Pantelleria, dernier caillou de l'archipel italien, plus africain que sicilien, qui marque la fin d'une éblouissante voie lactée ?

▲
Édifiée à la suite d'un vœu par le roi normand Roger II, la cathédrale romane de Cefalù est d'inspiration très proche de certaines églises du Calvados.
Phot. Berne-Fotogram

les îles Éoliennes

Elles sont sept, à moins de 85 km de la Sicile, et dépendent administrativement de Messine. Vulcano, Lipari, Salina, Filicudi, Alicudi, Panarea et Stromboli sont, selon l'écrivain grec Strabon, les restes d'un continent complètement disparu : la Tyrrhénie. L'Éole qui donna son nom à l'archipel (également connu sous le nom d'« îles Lipari ») était-il le fils de Jupiter ou un prince insulaire s'adonnant à l'astronomie et à l'étude des phénomènes météorologiques ? Homère et Virgile sont d'accord pour en faire le dieu des vents de la Méditerranée, retenu prisonnier dans des grottes plus belles que celles de Capri ou d'Ischia. Ulysse les visita avant d'en être chassé par une furieuse tempête provoquée par la déesse Héra. Aujourd'hui encore, les 12 000 habitants qui peuplent les 38 km² de Lipari et les 21 km² de Vulcano ont l'habitude de vivre dangereusement sur un sol incertain et mouvant, dont montent geysers, boues brûlantes et bruits inquiétants. Salina est sans doute la plus paisible des Éoliennes, avec ses 3 000 habitants. Panarea se distingue par un village de l'âge du bronze perdu parmi les oliviers. Filicudi et Alicudi attendent les touristes qui ne manqueront pas d'être tentés par leurs plages désertes, avec borborygmes sous-marins, fumerolles et éruptions miniatures garanties.

Stromboli, la plus lointaine, est toute différente de ses sœurs, qui se signalent par un brin de civilisation, un zeste archéologique et divers musées éoliens. Agitée, constamment éruptive, l'île, qui s'étend sur 12,6 km², n'est en réalité qu'un volcan crachant ses entrailles directement dans l'eau, le long d'une vallée brûlante que l'on contemple habituellement de loin, la nuit, de quelque embarcation venue de Sicile ou des îles voisines. L'effet est saisissant. Comme on s'habitue à tout, il existe quand même des Stromboliens, qui cultivent la vigne et servent de guides aux intrépides désireux d'escalader la montagne de feu. Avis aux amateurs : cette « bouche de l'enfer » possède plusieurs hôtels, un centre de pêche sous-marine et l'un des plus charmants ports de la Méditerranée, Ginostra, qui passe pour le plus petit du monde. Un îlot rocheux, Strombolicchio, offre une très belle vue panoramique sur le volcan.

▲
Un minuscule îlot, qui sert d'embarcadère et porte l'église des Âmes du Purgatoire, est relié par une digue à Lipari, capitale de l'archipel des Éoliennes.
Phot. Arnault-Pitch

▶
Vue de Lipari, l'île de Vulcano la bien nommée : c'est un volcan assoupi, crevé de cratères, agité de frémissements, laissant échapper fumerolles et boues brûlantes.
Phot. Loirat-C. D. Tétrel

Histoire
Quelques repères

Temps reculés : selon la mythologie grecque, les îles Éoliennes sont le royaume d'Éole, le dieu des Vents.
252 av. J.-C. : les Romains installent prosaïquement une grande base navale.
19 premiers siècles de notre ère : les Éoliennes deviennent le repaire, l'île de la Tortue des pirates de la Méditerranée, dont le plus célèbre est Khayr al-Dīn Barberousse.
1860 : l'Italie annexe le petit archipel volcanique.
1926 : Mussolini en fait un bagne fasciste.
fin du XXe siècle : un paradis pour vacanciers exigeants.

l'archipel toscan

Assise sur du granite et du porphyre, l'île d'Elbe est célèbre depuis l'Antiquité pour ses mines de fer et ses vins capiteux. Sur ses 223 km² sont concentrés des paysages incroyablement variés, dont le seul point commun est un certain sens de la mesure qui les met à l'échelle humaine. La côte nord, aérée et couverte d'une végétation luxuriante, est un séjour très agréable : de nombreux Italiens du continent y possèdent de luxueuses résidences secondaires. La côte sud, sous le vent, a un aspect africain ; le mois d'août y est torride, ce qui a pour effet d'attirer en masse les touristes venus du froid, spécialement les Allemands.

L'île d'Elbe possède une montagne de plus de 1 000 m (1 019 m exactement), le monte Capanne, dont les pentes drapées de maquis et de châtaigniers évoquent la Corse toute proche. L'île a appartenu aux Étrusques, qui y avaient implanté des « complexes » sidérurgiques, aux Carthaginois, aux Romains, aux Pisans, aux Génois, aux Toscans, aux Espagnols ; et elle fut, durant dix mois, le dernier royaume de Napoléon, qui en profita pour l'unifier.

Portoferraio, la capitale, cultive soigneusement le souvenir du grand homme. L'église San Cristino, ou Reveranda Misericordia, conserve des reliques napoléoniennes, ainsi que la villa des Moulins et la villa Napoléon, résidence campagnarde de l'Empereur dans le hameau de San Martino, à quelques kilomètres de la ville.

Si l'on n'est pas uniquement intéressé par les souvenirs de l'homme qui effaça, en dix mois, vingt siècles de civilisation étrusque et romaine et jusqu'au souvenir des Médicis et de Charles Quint, on ira de plages en criques, de vals en collines, en quête de beaux panoramas. On passera par Procchio, station élégante de la côte nord, sur la plage de laquelle on marche sur les scories des hauts fourneaux étrusques, par les petits ports de Marina di Campo, de Porto Azzurro, de Rio Marina, d'où partait le minerai de fer, par Capoliveri, village haut perché aux ascendances espagnoles. On explorera les mines de fer à ciel ouvert, d'où l'on rapportera peut-être quelques pyrites. Après avoir flâné à Marciana, charmant petit bourg au pied du monte Capanne, on grimpera jusqu'à l'ermitage de la Madonna del Monte, où Napoléon — toujours lui — rencontra Marie Waleswska pour un ultime rendez-vous d'amour.

Au large de l'île d'Elbe, les îles cadettes — Gorgona, Capraia, Pianosa, Giannutri, Giglio —, minuscules, n'ont pas d'histoire, seulement des bouquetins, du maquis, des oiseaux sauvages, quelques amoureux de la nature. C'est également le cas de Montecristo, malgré la légende de son trésor.

▲
Royaume miniature d'un empereur en exil, l'île d'Elbe hébergea Napoléon durant dix mois, et Portoferraio, la petite capitale couronnée d'un fort, garde précieusement les souvenirs de ce bref séjour.
Phot. Rouget-Rapho

Histoire
Quelques repères

Du XVe siècle av. J.-C. à l'an 1000 : l'archipel toscan est occupé successivement par les Étrusques, les Carthaginois, les Romains et les Vandales.
1000 : arrivée des Pisans.
1290 : Gênes s'installe.
1540 : fief de Charles Quint.
1736 : fief des rois de Naples.
1802 : département français.
1814-1815 : l'île d'Elbe est le royaume lilliputien de Napoléon ; après Waterloo, elle est rattachée au grand-duché de Toscane, puis à l'Italie.

la Sardaigne

Avec ses 24 090 km², 1 638 000 habitants, 2 000 km de côtes, une capitale (Cágliari) et trois provinces (Núoro, Oristano, Sássari), la Sardaigne est la seconde île de la Méditerranée, tout de suite après la Sicile. Elle n'a jamais eu d'atomes crochus avec l'eau salée : « Le diable vient de la mer », affirme un dicton. Un manuel d'histoire locale, vieux d'un siècle, ajoute : « Dans les temps reculés vivaient là nos ancêtres, les géants Nuraghes. Cela se passait bien après que Dieu eut posé son pied, il y a cinq cents millions d'années, dans la boue informe du globe, laissant une trace de son pas. » C'est cette trace encore visible, que l'on croirait faite par une sandale, que les Phéniciens appelèrent *Sarade* (empreinte de pas) et les Grecs *Sandaliota* (sandale).

Cette île en forme de semelle est l'une des terres les plus singulières de notre hémisphère. Située à quelques encablures de la Corse et à 180 km de l'Italie continentale, elle n'a rien de corse ni d'italien. Elle est parsemée de quelque 7 000 *nuraghi,* des tours informes, hautes parfois de 25 m et plus, que l'on ne trouve nulle part ailleurs. On y a découvert des personnages sculptés filiformes, assez proches de certaines œuvres modernes de Picasso ou de Giacometti.

Dans un paysage également étrange errent des animaux peu communs, ânes nains, mouflons, vautours... Quant aux hommes, ils semblent parfois illustrer ce que l'archéologie nous laisse deviner des premiers habitants, venus s'installer ici bien avant notre ère. Ils ne pêchent pas, ne naviguent pas, portent des vêtements sombres et vivent repliés dans le centre de l'île, qu'ils appellent *paese d'Ombra* (« pays d'Ombre »). Le mardi gras, dans le village de Mamoiada, ils se couvrent la tête de masques d'animaux pour la fête des *Mammuthones.* La plupart observent encore un code du meurtre, sous l'autorité de la plus vieille femme de la famille : c'est elle qui décide des vengeances à exécuter contre un clan rival.

Ces Sardes, issus d'un lointain passé qui se perpétue, résistèrent à tous les envahisseurs — Phéniciens, Romains, Génois, Pisans, Espagnols et Piémontais — en s'enfermant en « Barbágia », leur province centrale. Ce phénomène se poursuit, malgré l'autonomie locale concédée par le gouvernement italien en 1948. Cette indépendance ne suffit pas à apaiser ceux qui cherchent une solution dans la violence. Leur soi-disant « banditisme », quand il se manifeste encore, leur « spécificité » évidente traduisent un refus de s'intégrer à l'univers contemporain, en s'appuyant sur le montagneux berceau d'une civilisation pastorale dont bien des ruraux qui ne sont plus des bergers conservent les traits dominants.

Et pourtant la Sardaigne s'ouvre sur les quatre golfes d'Asinara au nord, de Cágliari au sud, d'Orosei à l'est et d'Oristano à l'ouest. La plaine la plus vaste, celle de Campidano, va du golfe de Cágliari à celui d'Oristano. Les fleuves ont un régime irrégulier et manquent souvent d'eau, comme en Afrique du Nord. Le climat est doux et pluvieux en hiver, chaud et sec en été. Agriculture et activités pastorales forment les bases de l'économie. Le blé, l'orge, l'avoine, les légumes sont cultivés en plaine. Oliviers et vignobles complètent la production.

Autrefois, l'île était couverte de forêts. Elles ont été détruites au siècle dernier par les Piémontais, pour la même raison militaire qui a poussé les Américains à déboiser le Viêt-nam : mieux contrôler le pays contre les insoumis. Les Sardes ne l'ont jamais oublié. Ces irréductibles, qui ont fourni à l'Italie des politiciens de premier plan comme Gramsci et Berlinguer, prétendent que, si l'on met enfin leur littoral à l'heure touristique, c'est pour le profit des étrangers... dont les Italiens.

Il y a donc deux Sardaigne, celle de l'intérieur, « pays d'Ombre » au sens métaphorique du mot, car il est aussi écrasé de soleil que de misère, et celle, relativement riche, de la plaine et des grandes villes du littoral. Les douceurs de la seconde ne doivent pas faire oublier les beautés rugueuses de la première.

▲
Vêtements sombres, gilet en peau de mouton et long bonnet de laine noire : un paysan sarde de la région de Sedilo.
Phot. Loirat-C. D. Tétrel

Au pays d'Ombre

L'approche de la Sardaigne secrète est difficile, mais enrichissante. Elle peut être entreprise à partir d'Olbia, le port où l'on débarque le plus souvent en venant de France ou d'Italie, au nord de l'île. De là, une route conduit à Núoro, en plein cœur du pays, avant de rejoindre Cágliari, au sud. Ce cœur bat au rythme de la vie des villages comme Fonni, Tonara, Oliena, Orani, Mamoiada et surtout Orgósolo, capitale du « banditisme ». Aux alentours de cette localité, on dénombre vingt tours édifiées entre le XIIIe et le VIIIe siècle av. J.-C., témoins de la civilisation nuragique. On trouve aussi deux menhirs, les « Perdas Fittas », cinq groupes de grottes taillées dans le granite, appelées *domus de janas* (« maisons de sorcières »), et une sculpture colossale.

Dans cette région oubliée, autour du massif du Gennargentu qui culmine à près de 2 000 m, la forêt, qui a disparu partout ailleurs, est encore dense, presque infranchissable. On ne s'étonnerait pas d'en voir sortir quelque monstre préhistorique. Pourtant, les rares habitants, ces *barbaricini* habitués aux chants funèbres *(attitu)* que des femmes vêtues de noir psalmodient sur les cadavres de leurs victimes, vous saluent avec politesse, du moment que vous n'êtes ni un soldat italien ni un carabinier. Dans le cas contraire, le fusil à deux coups part vite, dans ce pays où l'on n'en finit pas de

◀
À l'âge du bronze, des hommes venus des Baléares couvrirent la Sardaigne de forteresses en pierre sèche, les nuraghi, *affectant la forme de cônes tronqués. (Site de Palmavera, près d'Alghero.)*
Phot. Loirat-C. D. Tétrel

▲
Au centre de la Sardaigne, dans la région sauvage appelée Barbágia, le massif pelé de Gennargentu est le domaine des vautours et des mouflons.
Phot. Loirat-C. D. Tétrel

figuiers de Barbarie, d'ifs noirs, de cimetières, de places brûlantes et de vieilles boutiques bourdonnantes de mouches, où des grands-mères en deuil vendent ce qu'elles ont, de la dentelle, du savon de Marseille et de la réglisse. La Sardaigne, à dix kilomètres de la mer, c'est toujours la misère et le matriarcat. Pas même de ruines, richesse habituelle des pays sous-développés. Les jeunes filles, même en jeans, sont toujours accompagnées. L'honneur, c'est tout ce que l'on possède à Sebargius, Sinnai, Nororanoragugume. Étranges noms, étrange pays. Qu'y faire, sinon se haïr de clan à clan ou jouer au juke-box ? La vie, ici, est aussi immuable que les nuraghi.

Seule une femme sarde, Éléonore d'Arborea, née dans ce milieu statique, hors de l'histoire, fut capable, de 1383 à 1404, pour lutter contre l'occupant espagnol, de réunir sous sa souveraineté la mosaïque des « judicats » qui représentaient une forme assez anarchisante d'organisation locale. Plus récemment, une autre femme sarde, Grazia Deledda, premier prix Nobel féminin de littérature (1926), s'est révoltée contre l'envahissement de son pays par la civilisation italienne. En dehors de cela, rien, ou presque : dans des temps reculés, les *abbacadore,* des magiciennes laïques qui décidaient de la vie et de la mort au milieu des rires « sardoniques » ; encore plus loin, les *domus de janas,* les « maisons de sorcières » datant de l'âge du bronze, où l'on entassait les morts.

régler d'obscures histoires de moutons volés.

Certes, ce « maquis » n'est pas toute la Sardaigne. La population pastorale elle-même n'est pas circonscrite dans la Barbágia. Disséminés dans l'île, près de 50 000 bergers forment la plus importante communauté européenne de ce type. Les pasteurs passent une partie de l'année (d'octobre à mai) seuls avec leurs brebis, dormant à la belle étoile, se nourrissant de fromage et de pain. Autour d'eux, la population rurale leur ressemble. Comment pourrait-elle bénéficier du tourisme et le comprendre ? Comment ne serait-elle pas plus proche de ses vieilles tours, aux murailles épaisses de 5 à 8 m, que de l'horizon marin ? Comment s'étonner que les Sardes modernes restent liés à ces montagnes-refuges, comme leurs lointains ancêtres étaient viscéralement attachés à ces quelque 7 000 tours géantes narguant les envahisseurs ? Les populations originelles formaient une société tribale, fortement communautaire et solidaire, que nous commençons à peine à découvrir grâce aux statuettes en bronze réunies au musée de Cágliari et représentant des soldats, des prêtres, des artistes.

Et aujourd'hui ? Ce qui caractérise les huit dixièmes d'une population très traditionnelle, vivant loin des villes et des plages, c'est l'ennui pesant des chômeurs, jeunes et vieux, dans un paysage désolé de gares de westerns, de

▲
Au pied du mont Spada, Fonni, le village le plus haut perché de Sardaigne, est la seule station de sports d'hiver de l'île.
Phot. Loirat-C. D. Tétrel

▲
Près de Sássari, l'église de la Santissima Trinità di Saccàrgia, souvenir de l'époque où la république de Pise régnait sur la Sardaigne, est à la fois romane et pisane.
Phot. Loirat-C. D. Tétrel

Le littoral : sept cents plages au soleil

On retrouve les temps modernes et la civilisation à Cágliari : 223 000 habitants (le septième de la population sarde), un port bien abrité, des maisons couleur coquille d'œuf, un musée archéologique prestigieux, un triptyque de Van

Histoire
Quelques repères

3000 av. J.-C. : premier peuplement de la Sardaigne.
1500 av. J.-C. : début de la civilisation des nuraghi.
800 av. J.-C. : la Sardaigne est attaquée par les Phéniciens puis par les Carthaginois.
238 av. J.-C. : début de l'intervention de Rome.
455 av. J.-C. : arrivée des Vandales.
534-800 : domination de Byzance.
1000-1420 : période des « judicats » (giudicati).
1015-1323 : domination de Pise, puis de Gênes.
1323-1713 : Aragonais et Castillans.
1718-1946 : souveraineté de la maison de Savoie.
1948 : création de la région autonome de Sardaigne.
fin XXe siècle : résistance à l'intégration de la « Barbagia ».

der Weyden à la cathédrale, un énorme amphithéâtre romain et, tout près, la « Costa del Sud », avec ses plages en plein développement et sa jeunesse porteuse de transistors, qui réussit parfois à briser le moule des traditions !

Cágliari n'est pas loin de Pula et des ruines puniques de Nora, ni du pont romain conduisant à l'île de Sant'Antioco et à l'orientale Calasetta, en face de l'île de San Pietro. D'Iglésias, une route remonte vers le nord, dans un paysage de gorges et de vestiges sylvestres, jusqu'à Oristano. Là, nous sommes déjà loin de la pointe sud de l'île, le cap Spartivento (« Sépare les vents »), déjà assez haut sur la côte occidentale bonifiée, quadrillée, irriguée, modernisée peu à peu depuis cinquante ans au moins par des agronomes venus d'Italie. Un sourire, au passage : cet îlot, au large, se nomme «du mal de ventre». Ces insulaires n'ont décidément pas le pied marin!

À Oristano comme sur toute cette côte, la mer est belle, mais la ville n'en profite pas. En bonne cité sarde, elle lui tourne le dos. Les plages de sable fin, c'est pour l'étranger, le touriste. À Oristano, il ne faudra pas manquer l'*antiquarium Arborense*, enrichi par les fouilles voisines. Les amateurs de sculpture iront voir, au Duomo, l'*Annonciation* polychrome de Nino Pisano.

Entre Oristano et les ruines de Thárros, le paysage prend un aspect irlandais : une tour mélancolique, un lac poissonneux, un promontoire sur lequel se dresse la ville ancienne. Le plan de la cité carthaginoise se lit fort bien, avec ses fortifications et son *tophet* (autel) où l'on immolait l'aîné de chaque famille. Les Romains ont cru corriger cette « sauvagerie » avec leurs aqueducs, leurs temples et leurs thermes. Comme pour leurs prédécesseurs, Thárros était pour eux une étape obligatoire entre l'Afrique et Marseille, souci qui ne préoccupe nullement les Sardes. S'ils ont déserté la ville, comme tout le reste du littoral, c'est que les Sarrasins — toujours eux — leur inspiraient une épouvante justifiée. Le joli port d'Alghero, plus au nord, avec ses pavés ronds et ses arcades blanches, est une ville catalane ; elle fut longtemps interdite aux Sardes, et le tabou demeure. La promenade des remparts, la cathédrale gothique, la grotte de Neptune, si belles qu'elles soient, sont des visions d'« ailleurs ». Seule la nécropole d'Anghelu Ruiu, qui date de l'époque des nuraghi, est authentiquement sarde.

Encore plus au nord, Sássari, prudemment bâtie à l'intérieur des terres, parmi les oliviers, est devenue une capitale pétrochimique de près de 120000 habitants. Ses attraits : un marché d'agrumes, le vieux quartier pisan et espagnol, le musée archéologique de G. A. Sanna. Au nord-est de Sássari, les grèves du Paradiso (Paradis) et de la Costa Smeralda (Côte d'Émeraude) alignent une succession de quelque 600 plages gagnées par la vocation touristique. Les autochtones, en dehors d'une minorité qui accepte les « servitudes » de l'hôtellerie et de la restauration, ne partagent malheureusement pas nos critères et nos légitimes émerveillements. Pour eux, la Costa Smeralda a un parfum de pétrodollars et de grosse finance internationale. À la beauté du littoral, les Sardes préfèrent décidément leurs villages de l'intérieur, dont l'un s'appelle « Sans-Espérance ». Peut-on leur en vouloir, quand leurs derniers troubadours pastoraux chantent « le plaisir que l'on éprouve à dormir, avec ses brebis, sous la voûte étoilée du ciel » ? ■

Jean MARABINI

▲
Sur la côte orientale de la Sardaigne baignée par la mer Tyrrhénienne, le golfe d'Orosei et, au fond, Cala Gonone, dont un grand ensemble touristique a fait une station en vogue.
Phot. Loirat-C. D. Tétrel

▶
Dans la vallée isolée du Bau, oasis de verdure au cœur de l'aride Barbágia, les femmes de Désulo arborent, dans les grandes occasions, la coiffe et le costume traditionnels.
Phot. Desjardins-Top